ECONOMÍA PERONISTA

JORGE MILTON CAPITANICH

ECONOMÍA PERONISTA

COLIHUE

Capitanich, Jorge Milton
Economía peronista / Jorge Milton Capitanich ; prólogo de Norberto Galasso. - 1ª ed. - Ciudad Autónoma de Buenos Aires : Colihue, 2017.
160 pág. ; 22x14 cm.

ISBN 978-987-684-276-1

1. Historia Política Argentina. 2. Peronismo. I. Título. II. Galasso, Norberto, prólog.
CDD 320.098 2

Diseño de tapa: Julián Ceballos

Av. Díaz Vélez 5125
(C1405DCG) Buenos Aires - Argentina
www.colihue.com.ar
ecolihue@colihue.com.ar

ISBN: 978-987-684-276-1

Hecho el depósito que marca la ley 11.723
IMPRESO EN LA ARGENTINA – PRINTED IN ARGENTINA

PRÓLOGO

El resultado de las elecciones del 22 de noviembre del 2015 ha puesto al campo popular en la necesidad de muchos replanteos, especialmente porque las nuevas elecciones legislativas de octubre próximo exigen un recupero de tal dimensión que asegure la vuelta al poder para 2019. En la militancia se redoblan entonces las polémicas, buscando cuales fueron los errores que han permitido el triunfo del macrismo y el consiguiente ajuste que el pueblo argentino está sufriendo. Todo aporte a ese debate es necesario y bienvenido. Por eso saludamos la aparición de este nuevo libro de Jorge Capitanich, realizado con profundidad y sin concesiones.

Tesonero luchador desde su más temprana juventud, Capitanich ha empeñado sus mayores esfuerzos, comprometido sin descanso, en la política, desde las más diversas funciones: dos veces gobernador del Chaco –su provincia natal–, senador nacional, intendente, jefe de gabinete de ministros en el orden nacional. Resulta uno de los dirigentes del justicialismo con mayor capacidad y consecuencia.

Ahora nos ofrece una nueva obra titulada *Economía peronista*, justamente en el momento en que el campo nacional se formula dos interrogantes fundamentales: ¿cómo poder volver al gobierno? y ¿qué programa debemos desarrollar para evitar, como ya ha ocurrido otras veces, la interrupción del proceso de transformaciones?

Para ello, el autor aborda los últimos 75 años de la historia argentina, sin falsas idealizaciones y también sin concesiones.

El camino que adopta Capitanich se combina con la honestidad y el análisis profundo.

Para ello comienza por referirse a la filosofía del peronismo como movimiento de Liberación Nacional: «Este debate, con la intervención de John William Cooke, merece analizarse pero solamente me permito sintetizar algunas conclusiones: la revolución francesa de 1789 cambia solamente "la aristocracia de sangre por la aristocracia del dinero", "la economía nunca está en paz, siempre está en guerra" y "el libre juego de la demanda, no es libre ni es juego". Y luego de dedicar varias páginas a la elaboración teórica aterriza de manera contundente en la obra concreta del general Perón: «El Justicialismo declara el 9 de julio de 1947 la independencia económica y Miguel Miranda aplica una política económica con restricción de importaciones de bienes suntuarios, IAPI como organismo regulador del sistema de transacciones de bienes primarios, sustitución de importaciones, nacionalización del Banco Central, en fin; intervención estatal y planificación de la economía con notables avances sociales e ingreso a la modernidad. En el período se firman convenios con Perú, Chile, Ecuador, Paraguay, Uruguay y Bolivia, con liberación de derechos aduaneros y la integración de economías complementarias. Perón no adhirió al FMI, ni al BIRF, ni al GATT. No fue invitada

Argentina a la conferencia de Bretton Woods por haber sido neutral en la segunda guerra mundial».

En estas pocas líneas sintetiza el crecimiento económico hacia adentro, con alto consumo popular, sin injerencias externas, con protección a la industria, avances sociales, autonomía y política de colaboración latinoamericana.

Pocas páginas después completa la política económica del primer gobierno peronista: «Por otra parte y a comienzos de ese período, en Argentina la nacionalización y estatización de empresas ha sido significativa en la administración de los resortes económicos para el desarrollo autónomo e independiente. Los ferrocarriles ingleses se hicieron en canje con acreencias argentinas por 150 millones de libras, que por la declaración de inconvertibilidad el 20 de agosto de 1947 costaron solo 40 millones de libras. El primero de marzo de 1948 los ferrocarriles son argentinos. También se nacionalizan los ferrocarriles franceses (Buenos Aires, Santa Fe). Se estatizan también los tranvías y empresas de colectivos. El 3 de septiembre de 1946 el gobierno adquiere la mayoría accionaria de Unión Telefónica vinculada a ITT y en diez años colocó 600 000 teléfonos, muchos más que los 457 000 aparatos colocados desde 1881. El gasoducto desde Comodoro Rivadavia abre un nuevo desarrollo de este insumo energético esencial logrando 318 metros cúbicos de consumo, lo mismo que la ubicación de 100 000 metros cúbicos de carbón de Río Turbio. Energía eléctrica, petróleo, marina mercante fueron decisiones estratégicas de la soberanía nacional».

Capitanich ha realizado el relevo de todas las conquistas y transformaciones económicas del peronismo entre 1946 y 1955 y señala, sin embargo, que «el modelo peronista ha sido recurrente en la manifestación de ciertos desequilibrios macroeconómicos de corto plazo, por cuanto el déficit fiscal, la incidencia de shocks externos y el aumento de demanda agregada generan impactos en el sector externo, principalmente respecto a la insuficiencia de la oferta de divisas generados en el cambio de modelo». Asimismo reflexiona, entonces, que «el cambio de una matriz productiva de base agroexportadora excluyente en lo social y de alta concentración de ingresos en los sectores dominantes hacia un matriz de base industrial con diversificación productiva cuyo efecto redistributivo es inmanente al modelo y posee inexorablemente un período de transición con altas tensiones de carácter social y político».

Llegado a este punto el autor apela al instrumental econométrico para dar mayor sustento a su tesis sobre los diversos gobiernos peronistas. Toma para ello 18 variables, en los 75 años que van desde 1940 hasta 2015 y nos ofrece diversos cuadros estableciendo correlaciones entre las variables en ese período obteniendo conclusiones con total honestidad, incluso aquellas que resultan negativas como las correspondientes a la época menemista. Así, con el arsenal estadístico de la econometría (el cual, al prologuista -lo reconozco usando su misma honestidad– le resulta de difícil recorrido dado que su formación universitaria es muy anterior a estos modernos instrumentos de análisis) establece las diversas correlaciones entre las distintas variables, como, por ejemplo, el crecimiento del producto interno bruto, sustentado en el consumo privado, el producto interno bruto industrial, la inversión bruta interna fija y el consumo público; el consumo privado, durante los gobiernos peronistas, ligado al crecimiento, el fuerte consumo y el desarrollo industrial con los mayores niveles de ocupación y la redistribución del ingreso; la falta de correlación entre el crecimiento del producto interno bruto industrial y el producto interno bruto agropecuario; los niveles de empleo con el consumo y la inversión y otras vinculaciones de las distintas variables. No ignora, por supuesto «que en el período 1989-1999, el desempleo aumentó, el salario real se redujo y los indicadores sociales fueron adversos con 28% de pobreza, y 14% de indigencia» contraponiéndolos al periodo 2002-2015 en que el coeficiente de Gini se redujo de 0,54 a 0,41, la pobreza de 54% a 17% y la indigencia del 27% al 4%, del mismo modo, que la clase media se duplicó y el desempleo se redujo abruptamente del 25% a 5,9%, sinceramiento que da mucho más valor al libro y a la defensa del verdadero proyecto de la economía peronista. De la misma manera, Capitanich no elude reconocer el obstáculo que encuentra el desarrollo en la restricción externa, en los últimos años del gobierno de Cristina.

De ahí la gran virtud de este ensayo para las polémicas inevitables con los sectores reaccionarios: refutar las zonceras divulgadas por los grandes medios enemigos del pueblo, probar los avances logrados y no omitir las dificultades o eventuales retrocesos de una política de Liberación Nacional.

En la última parte, el autor se detiene a analizar el período 1946-1955, destacando que «la lucha política contra grupos oligárquicos y empresas transnacionales no fue fácil»: «la historia económica argentina observa la crisis del gobierno de base populista por estrangulamiento del sector externo en virtud del aumento de la demanda de energía eléctrica, bienes de capital intensivo, electrodomésticos, vehículos livianos y salida de capitales por múltiples conceptos». Pero la síntesis de esta etapa consiste en verificar «la recuperación del salario real, el aumento del empleo, el sostenimiento de la inversión bruta interna mediante obras de infraestructura del sector público, la reinversión de utilidades del sector empresario pero con reducción de la inversión extranjera directa y del endeudamiento externo». Así también se refiere a las conquistas populares en diversas áreas, recordando el aporte de Cafiero con su libro *Cinco años después*, que destruyó las falsedades divulgadas por la contrarrevolución del 55. Después de adentrarse en el análisis del gobierno iniciado en el 73, así como del período menemista, Capitanich concluye su obra con un análisis minucioso de las transformaciones logradas durante el kirchnerismo –donde le tocó ser protagonista desde la Jefatura de Gabinete– valorizando debidamente los progresos alcanzados y haciendo también mención a los obstáculos, tanto internos, como externos, que se presentaron en el camino, otorgando la debida importancia a la restricción externa que debilitó al gobierno popular no obstante lo cual ha quedado demostrado que esa revolución inconclusa del 55, del 73 y del 2015 son el camino a retomar y profundizar. En este sentido, debe celebrarse la aparición de este libro por la contundencia de sus argumentos y por su seriedad científica lo cual lo convierte en arma poderosa para las polémicas que se aproximan.

Norberto Galasso

INTRODUCCIÓN

El objetivo de este libro es analizar desde un punto de vista ideológico, doctrinario y filosófico la «economía peronista» pero, al mismo tiempo, con la contundencia de los números a partir del uso de herramientas econométricas como los modelos de vectores autorregresivos para describir relaciones estructurales, impulsos y respuestas ante shocks y pronósticos durante los 76 años analizados, como así también el modelo de mínimos cuadrados ordinarios para cada relación encontrada.

Las variables analizadas fueron dieciocho entre 1941 y 2015 inclusive: a) producto interno bruto, b) producto interno bruto industrial, c) inversión bruta interna, d) consumo privado, e) consumo público, f) salario real industrial, g) términos del intercambio, h) cuenta corriente, i) cuenta capital, j) variación de reservas, k) reservas internacionales, l) tipo de cambio, ll) inflación, m) base monetaria, ñ) ocupados, o) deuda pública, p) producto interno bruto agropecuario, q) déficit del consumo energético.

En el período 1973-1976 incluimos solamente todo el año 1973 aunque Cámpora asume el 25 de mayo y descartamos 1976 porque se produjo el golpe militar el 24 de marzo, en consecuencia comparamos datos del período 1973-1975.

En realidad la idea surgió a partir de la conmemoración de «la semana de la cultura peronista» organizada por el Consejo Provincial del Partido Justicialista y ante una invitación de Julio René Sotelo para exponer sobre un tema particular me sugirió «Economía Peronista» para compartir panel con Silvina Batakis. Finalmente por diversas circunstancias ese panel no se pudo realizar pero compartí escenario con Lorenzo Pepe, un distinguido dirigente de la «vieja guardia» peronista por quien tengo un enorme afecto y reconocimiento.

Lorenzo Pepe, Secretario General del Instituto Nacional Juan Domingo Perón de Estudios e Investigaciones Históricas, Sociales y Políticas, ha editado libros de Perón y Evita y compilaciones de discursos que son fundamentales para nuestra formación doctrinaria.

Él hizo su exposición con su habitual elocuencia y calidad discursiva y quedó escuchándome mi exposición que fue realizada con el acompañamiento de un PowerPoint que mostraba datos objetivos sobre la evolución de la economía peronista durante el primer y segundo gobierno de Perón. Al finalizar la exposición me dijo: «Tenés que hacer un libro y divulgar esto». Tomé el desafío y seguí escribiendo e investigando.

Hicimos una presentación para el Pre-congreso de Ciencias Políticas en la Casa de las Culturas compartiendo panel con un eximio politólogo como Carlos Acuña en donde establecíamos la comparación entre los distintos períodos de gestión peronista independientemente del sesgo ideológico del liderazgo.

Finalmente, después de una serie de idas y vueltas pudimos ofrecer este texto para el debate político en donde se advierte un desbalance entre el primer y segundo gobierno de Juan Perón (1946-1955) y el período de Néstor Kirchner y Cristina Fernández de Kirchner (2003-2015) en virtud del tiempo y de las características de ambos períodos. Hemos reducido el volumen en el período de transición de Duhalde, también en la etapa de sesgo neoliberal de Menem y en el breve período de Cámpora, Perón e Isabel Martínez de Perón pues no son homogéneos los períodos temporales de análisis, salvo el período de Menem, pero con políticas sustancialmente distintas a las del peronismo tradicional.

Quiero agradecer especialmente a los economistas Alejandro San José y Lucas Cepeda pues fueron fundamentales en el análisis de los modelos econométricos y en el debate de las ideas que forman parte de este texto con intercambios de distintas fuentes de análisis.

En este contexto, cobra sentido y trascendencia mi amistad como Antonio Cafiero y la admiración y respeto que tenía por su persona, tal es así que siempre recordaba lo valioso que fue para mí como dirigente estudiantil debatir en la Facultad de Ciencias Económicas a partir de su excelente libro *De la economía social justicialista hacia la economía capitalista liberal: cinco años después*. Hay innumerables citas a Antonio Cafiero a través de varios de sus libros como así también otros libros de texto y artículos periodísticos.

También quiero agradecer el aporte y la colaboración del exMinistro y actual diputado nacional Axel Kiciloff por estar siempre atento a corroborar datos y metodología adecuada para analizar la realidad económica en estas diferentes etapas de la historia argentina, cercana y reciente. Finalmente agradezco también al maestro Norberto Galasso el honor de contar con las palabras que prologan este libro.

Como todo libro, es imposible abarcar todo lo que uno quiere, simplificar lo que pretende, y sintetizar lo que cree posible pero con sus imperfecciones pone luz al discurso tenebroso de los enemigos del campo popular en la República Argentina. Menos páginas implica mayor concentración en poco tiempo. Más cuadros y gráficos implica ponderar mejor los períodos. Más sustancia política, ideológica y doctrinara pretenden explicar conceptualmente el marco global de las decisiones.

Por último, este libro es una base clave para uno próximo que debe analizar el impacto de las políticas neoliberales en nuestro país y sus consecuencias para el desarrollo industrial, para el empleo y para la calidad de vida del pueblo argentino.

PRIMERA PARTE

La economía peronista

El justicialismo posee una ideología, una doctrina, una teoría, una filosofía, formas de ejecución, tres principios y dos grandes objetivos.

Las veinte verdades peronistas expresan una síntesis del pensamiento de su creador: Juan Domingo Perón.

Los dos grandes objetivos son: grandeza de la patria y felicidad de nuestro pueblo.

Las tres banderas son: soberanía política, independencia económica y justicia social forman el cuerpo de nuestra ideología que constituye el núcleo fundante de un conjunto de creencias, actitudes, valores que forman parte de un ideario colectivo, de un proyecto de país.

La ideología constituye un sistema de creencias cuyo desarrollo implica un tiempo de construcción y aplicación.

Una definición del *Diccionario de política* de Orlando Greco define a la ideología como «un conjunto de principios prácticos para la acción, que se deducen, con mayor o menor congruencia, de una determinada clase de valores y de una estructura dada de los mismos». Existen múltiples definiciones pertenecientes a distintos autores, pero la idea general que engloba el marco conceptual de la ideología tiene que ver con un sistema de pensamiento, de creencias de una sociedad respecto a su propia existencia. Implican representaciones, signos, símbolos, imágenes, ideas que forman parte de un imaginario colectivo.

Desde el punto de vista político implica una concepción en materia de valores, de creencias, de convicciones, de sentimientos asociados a la organización y ejercicio del poder.

La doctrina establece los grandes principios y preceptos que sistematizados se aplican a la acción política. A diferencia de la ideología, la doctrina se expresa dinámicamente en función de la realidad y cambian con el tiempo en virtud de la evolución social permanente.

Para el justicialismo «la verdadera democracia es aquella en que el gobierno hace y defiende un solo interés, el del pueblo».

Como doctrina política, el justicialismo «realiza el equilibrio del derecho del individuo con el de la comunidad».

Como doctrina económica, el justicialismo considera «que el capital debe estar al servicio de la economía y esta al servicio del bienestar social».

Como doctrina social, el justicialismo «realiza la justicia social que da a cada persona su derecho en función social».

El equilibrio entre los derechos del individuo con los derechos de la comunidad, la comunidad organizada en «donde nadie se realiza en una sociedad que no se realiza», la libertad individual pero con sentido solidario y la propiedad con sentido y perspectiva social constituyen núcleos doctrinarios esenciales del justicialismo.

«Todo en su medida y armoniosamente» resume el significado de la doctrina peronista.

La teoría establece el desarrollo de los grandes principios doctrinarios, la base conceptual de los mismos y las relaciones existentes entre las variables y los conceptos.

La filosofía peronista es pueblo-céntrica, postula y concreta la justicia social (José Luis Di Lorenzo) y posee una concepción sobre el hombre, la naturaleza, la historia, el Estado, el poder y la relación con la trascendencia.

El justicialismo es una filosofía de vida simple (habla sin artificios), práctica (enseña a obrar), popular (emerge del pueblo), humanista (pone al hombre como sujeto central de la política) y cristiana (abreva en la doctrina social de la Santa Iglesia Católica).

Las formas de ejecución establecen los modelos de instrumentación de las decisiones, por eso, el justicialismo reivindica un sistema de gobierno centralizado, un Estado organizado y un pueblo libre representado por sus organizaciones.

Perón afirmaba que la integración del tercer mundo tiene que ver con aquellos países que no formaba parte del pacto de Yalta ni los acuerdos de entre las grandes potencias en el reparto del mundo y los alineamientos a los imperialismos de la época.

La tercera posición ideológica no era una posición intermedia entre los extremos, sino una superación dialéctica de las contradicciones e insuficiencias de las mismas. Tercera era porque venía después de la primera y segunda, esto es del capitalismo y del marxismo, superando el dogmatismo de los extremos.

Antonio Cafiero en *El Peronismo que viene* considera que el justicialismo ha propugnado el equilibrio entre posiciones extremas impulsadas por ideologías dogmáticas o por las polarizaciones hegemónicas.

Hoy, esto implica, un necesario equilibrio entre los valores de la modernidad y los de la tradición, entre el universalismo y el nacionalismo, entre el idealismo y el pragmatismo, entre los derechos de la persona y las exigencias del bien común.

La tercera posición es parte de nuestra propia identidad, e implica la defensa de la paz mundial, la equidad social y económica de la humanidad, la defensa del ambiente y el diseño de una nueva arquitectura institucional del Sistema de las Naciones Unidas con el objeto de garantizar la igualdad de oportunidades para los Estados.

El 6 de julio de 1947 Perón en un «mensaje a los pueblos del mundo» formula las bases de la llamada Tercera Posición remarcando «la voluntad nacional de servir a la humanidad en sus anhelos de paz interna e internacional», manifestando su vocación pacifista y generosa en el marco del respeto integral de la soberanía de las naciones, ayuda económica a los países necesitados y estrategia de paz permanente.

La superación de los estados nacionales por la globalización que promueve el continentalismo y el universalismo también admite expresiones alternativas como Chantal Mouffe que sustituye el «universo», por el «pluriverso» como diferentes y plurales versiones de una cosmovisión integradora del mundo.

Francisco Valsecchi, economista católico, sostuvo que la estructura interna en la cual se fundó la sociedad capitalista está caracterizada por tres principios: a) la libre competencia sin límites en donde impera la ley del más fuerte, b) el espíritu de lucro que convierte a la riqueza como un fin, c) la eficiencia económica que desconoce la prerrogativas de la persona humana.

Para la Doctrina Social de la Iglesia el fin de la economía es indispensable pues «las acciones se especifican por sus fines» (Restituto Sierra Bravo). El fin próximo es hacer útiles los bienes creados que el hombre necesita, el fin intermedio es satisfacer las necesidades humanas y el fin remoto es el bienestar del hombre y el desarrollo de su ser.

«La mano invisible» del mercado de Adam Smith, la armonía «natural y espontánea» entre el interés individual y social se produciría mediante el «orden económico natural» dejando actuar al «*homo economicus*».

El progreso de la especie humana con los beneficios de la libre competencia, de la ausencia de intervenciones o limitaciones al juego espontáneo de las leyes económicas producto de la naturaleza y el egoísmo individualista conjugadas «con la influencia del protestantismo en lo religioso en cuanto atribuyó la acumulación de riquezas como señal del favor divino», facilitó la expansión del pensamiento liberal.

La reacción antiliberal surgió de dos fuentes filosóficas: la cristiana y la marxista.

Para los marxistas el orden económico natural más ventajoso para la humanidad sin explotadores ni explotados «solo podrá ser alcanzado mediante una revolución social que haga abolición de la propiedad privada y elimine la plusvalía».

Para el ideal cristiano, la economía está orientada por la producción como servicio, no como lucro como propone el capitalismo ni como poder como propone el marxismo.

El orden social cristiano se compone de tres instituciones fundamentales: a) empresa privada con libre iniciativa, propiedad privada en función social y comunidad de trabajo que una a sus integrantes, b) organización profesional de la economía bajo el principio de solidaridad en el proceso productivo, c) Estado como ente regulador.

El desarrollismo para Luiz Carlos Bresser-Pereira (en su reciente trabajo «La nueva teoría desarrollista: una síntesis») abarca tres etapas: a) el primer desarrollismo mercantilista y bismarquiano que era autoritario, del mismo modo que el desarrollismo nacional y de Asia Oriental, b) el segundo desarrollismo después de la segunda guerra mundial que era democrático y social, c) el tercer desarrollismo nace del gran fracaso económico de la globalización (dominio de empresas multinacionales), financiarización (dominancia del sector financiero), y el neoliberalismo (radicalización liberal rentística).

El mismo autor propone una nueva teoría desarrollista que combine su concepción clásica del cambio estructural, la tesis del crecimiento impulsado por la demanda y la tendencia a la sobrevaloración del tipo de cambio cíclico y crónico.

Perón en el mensaje del 1° de mayo de 1951 (inauguración del octogésimo quinto período) sostenía que «el justicialismo es esencialmente personalista y popular». El «bien» desde nuestra concepción no es el bien del Estado, sino el «bien común».

Ante ministros de Hacienda de todo el país el 23 de enero de 1953 sostuvo: «nosotros no somos ni intervencionistas ni antiintervencionistas, somos realistas». Las circunstancias imponen la solución. Hay soluciones concretas frente a problemas concretos.

«Los problemas sociales, económicos o políticos son complejos, se vinculan entre sí y deben ser abordados como una sola cosa». El error consiste en considerarlos separadamente.

El justicialismo históricamente subordinó el poder económico al poder político colocando la economía al servicio de la política, esto es, para la realización de la justicia social y el desarrollo de la grandeza de la nación.

La doctrina económica del peronismo se asienta en dos grandes principios: a) el capital está al servicio de la economía, b) la economía debe estar al servicio del bienestar social.

La economía peronista sostiene un rol preponderante del Estado en el desenvolvimiento de la actividad económica mediante la asignación de los recursos productivos destinados a la generación de empleo.

Perón decía: «no somos enemigos del capital aún foráneo que se dedica a su negocio, pero sí lo somos del capital aún argentino que se erige en oligarquía para disputarle a la Nación el derecho a gobernarse a sí mismo» (1° de mayo de 1948).

La concepción filosófica del peronismo en materia económica no consiste precisamente en la apropiación de los medios de producción sino en el desarrollo de una burguesía nacional fuerte –en el marco del principio de subsidiariedad arraigado en la Doctrina Social de la Iglesia– capaz de garantizar inversiones sustentables con el objeto de promover el pleno empleo con salarios dignos a través de derechos laborales defendidos por un movimiento obrero organizado. El movimiento obrero organizado desde la concepción peronista es la columna vertebral del movimiento nacional y popular, esto quiere decir, que la representación de los trabajadores debe converger en un proyecto nacional pues nadie se realiza en una comunidad que no se realiza.

La composición policlasista de su integración social desde una perspectiva movimientista, considera al mismo tiempo la existencia de una sola clase de hombres: los hombres que trabajan.

La clase parasitaria para el peronismo precisamente es la oligarquía en virtud de su carácter rentístico y especulativo y que mediante la concentración del ingreso, la fuga de capitales, la evasión fiscal y el uso del Estado para el beneficio de sus intereses minoritarios debilita la capacidad del sistema económico en beneficio colectivo de nuestro pueblo.

La histórica discusión entre Estado mínimo y mercado máximo, y entre la cosmovisión neoliberal y marxista se reduce a la visión trascendente del justicialismo a través de su prédica humanista, en donde el hombre es el sujeto central de las políticas públicas.

El reduccionismo neoliberal y marxista a una concepción individualista-economicista del hombre impide su realización como sujeto social.

El neoliberalismo individualista observa toda expresión social o comunitaria como una pérdida de la libertad y afirma la primacía de la libertad por sobre la igualdad, de la eficacia sobre la equidad y del principio de subsidiariedad por el de solidaridad.

Esto es lo que efectivamente restaura el justicialismo combinando al mercado como eficiente asignador de recursos en tanto y en cuanto no degenere en manipulación del Estado para sus propios beneficios de concentración y exclusión de la sana competencia entre iguales.

El justicialismo promueve la subsidiariedad del Estado pero potencia la solidaridad con reglas de comportamiento y regulaciones que protegen a los más débiles. O sea la subsidiariedad en tanto y en cuanto no puede ser desarrollado por la empresa en el marco de las reglas de funcionamiento del sistema económico.

El justicialismo tiende al equilibrio entre Estado, mercado y sociedad en base los principios de libertad, igualdad y solidaridad.

La concepción del movimiento nacional y popular con una burguesía nacional y un movimiento obrero organizado tiene en la concertación social un modelo de asignación de recursos para satisfacer plenamente la rentabilidad del empresario y el salario digno de los trabajadores en un proceso cooperativo de distribución funcional más equitativa del ingreso.

Esto implica reconocer la defensa de la soberanía del país, la propiedad de los recursos naturales (tierra, minería, petróleo), la identidad nacional y los intereses de la patria.

La Argentina de Perón era un país sin deuda externa, sin sumisión al Fondo Monetario Internacional y con la nacionalización de servicios estratégicos del país (banca, marina mercante, ferrocarriles, puertos, teléfonos, etc.).

El Estado, en una economía peronista debe invertir en educación, salud, seguridad, justicia, pero también en desarrollo económico mediante obras de infraestructura, créditos a bajas tasas para promover la inversión productiva y un rol activo del Estado en la generación de inversiones estratégicas en industria pesada y en el desarrollo de la ciencia y tecnología para la innovación productiva.

Al mismo tiempo, el Estado debe regular el sistema financiero, los servicios públicos, el comercio exterior y generar los incentivos y las regulaciones de las cadenas de valor con el objeto de evitar la apropiación sistemática del excedente por parte de los más poderosos respecto a los más débiles, protegiendo al mismo tiempo la rentabilidad del productor y el acceso por parte del consumidor a bienes y servicios de buena calidad y a precios justos promoviendo de este modo un equilibrio entre el «excedente del consumidor» (lo que paga por debajo de lo que estaría dispuesto a pagar) y el «excedente del productor» (la ganancia para funcionar).

Los principios esenciales de la doctrina justicialista en materia económica están asociados a dos cuestiones esenciales: a) el rol preponderante del Estado en las decisiones estratégicas del gobierno y b) en el rol social de la propiedad.

La concepción filosófica de la libertad en el ideario justicialista implica una concepción solidaria que establece un punto de equilibrio entre la exacerbada libertad individual cuyo egoísmo genera indiferencia por los más pobres, por los que más sufren promoviendo al mismo tiempo la explotación del hombre por el hombre. En el otro extremo de la concepción marxista la libertad colectiva sustituye la libertad del individuo por el Estado. La concepción filosófica de libertad solidaria implica evitar la explotación del hombre por el hombre a través de la regulación por parte del Estado a los efectos de evitar injusticias y el predominio de la ley del más fuerte sin recurrir al extremo de la anulación misma de la libertad individual.

En nuestra concepción filosófica, el justicialismo adopta un análisis realista de los problemas de la sociedad. Decía Perón «no somos intervencionistas, ni antiintervencionistas». La Doctrina Social de la Iglesia Católica, en donde abreva nuestra concepción profundamente humanista y cristiana establece el concepto de «subsidiariedad» con el objeto de impulsar la iniciativa privada para el desarrollo de la actividad económica.

Como movimiento nacional y popular defiende tendencias, actitudes, creencias y valores con el protagonismo puro, exclusivo y excluyente del pueblo, como sujeto actuante de la nación.

Históricamente, el justicialismo ha distinguido una tensión entre partido y movimiento considerando al primero como herramienta electoral para fortalecer al segundo. La concepción movimientista implica una concepción amplia –ni sectarios ni excluyentes– sobre la base de algo que discurre en forma dinámica, no caracterizadas por una ideología predominante. También la tensión entre partido y gobierno en ejercicio de este, se superaba mediante la conducción estratégica del Estado.

La superación de estas tensiones se enmarcaban en un sistema de conducción estratégica cuya misión era preservar la unidad del movimiento, la actualización doctrinaria, la inserción internacional del justicialismo y las resoluciones esenciales que no podrían ser resueltos en el campo táctico ni operacional.

Para el justicialismo, la soberanía popular implica garantizar la representación de la voluntad popular y la defensa de sus intereses.

Del mismo modo que el movimiento obrero organizado debe defender el interés de los trabajadores en el marco de un proyecto nacional, un gobierno justicialista debe tener una conducción centralizada, la ejecución descentralizada y un pueblo libre representado por las organizaciones libres del pueblo.

La soberanía nacional implica defender los intereses de la Nación Argentina, de nuestra comunidad, de nuestros valores, de nuestra cultura, de nuestra identidad en un contexto de globalización creciente e interdependencia entre los país.

Nuestra patria, nuestra soberanía, nuestra identidad nacional constituyen factores esenciales de nuestra organización a los efectos de promover una conducción política que administre las contradicciones y las diferencias pero en base a un proyecto colectivo de unidad nacional.

Los gobiernos justicialistas identificados con el pensamiento nacional, popular y democrático han promovido la inversión pública como dinamizadora del empleo pero también como proveedora de logística y de servicios para mejorar la competitividad de la economía en su conjunto y mejorar la calidad de vida del pueblo argentino. Las primeras 76 000 obras públicas del primer gobierno de Perón que se repitieron en el período de Néstor y Cristina Kirchner con una inversión de 107 000 millones de dólares precisamente se volcaron a energía (gas, petróleo, desarrollo atómico, hidroelectricidad, no convencionales, etc.), rutas, autopistas, gasoductos, electroductos, puertos, aeropuertos, redes de agua potable, energía eléctrica, gas, pavimento urbano, escuelas, hospitales, centros culturales, telefonía, nuevas tecnologías de la informática y de las comunicaciones.

El rol del Estado en inversión pública cumple dos objetivos en forma simultánea: a) promueve y genera empleo productivo, b) construye capital social básico que amortiza deuda social. Pero al mismo tiempo, ciertas obras estratégicas que no generan empleo proporcionalmente a la inversión que se ejecuta constituye una contribución a la logística integrada disminuyendo costos y mejorando el tipo de cambio real efectivo de manera eficiente e indirecta, facilitando de este modo la reducción de la estructura de costos a los efectos de potenciar las exportaciones generando más divisas para el país y al mismo tiempo reduce el costo de acceso a bienes por parte del consumidor local aumentando indirectamente el poder de compra del salario.

La concepción doctrinaria del justicialismo en materia económica, estimula, promueve y fomenta la organización de toda la actividad económica conforme a la libre iniciativa privada (artículo cuarenta de la *Constitución* de 1949) en el marco del desenvolvimiento de la libertad de mercado siempre y cuando el mismo no atente mediante la concentración económica a la distorsión de la cadena de valor perjudicando al productor y al mismo tiempo al consumidor. Este artículo regula los excesos de la actividad privada y de la actividad estatal.

La regulación del comercio exterior mediante el Instituto Argentino para la Promoción e Intercambio (IAPI) implicaba comprar bienes primarios, comercializarlos y desarrollar con la utilidad el fomento al desarrollo industrial a los efectos de evitar la expoliación por parte del sector privado.

La misma *Constitución Nacional* de 1949 en su artículo cuarenta reservaba a la explotación del Estado el comercio de exportación e importación, las fuentes de energía y los servicios públicos. Del mismo modo el artículo establece que «la propiedad tiene una función social».

La visión estratégica de un modelo de país debe considerar la estabilidad política, económica y social mediante el desarrollo de un sistema federal justo y equitativo. Es allí donde el Estado cumple un rol preponderante para garantizar inclusión social y el desarrollo de instituciones y acciones para facilitar igualdad de oportunidades.

Las herramientas utilizadas por el justicialismo incluyen la instrumentación de los planes quinquenales que merecen una reflexión en virtud de la participación del diputado John William Cooke en oportunidad del tratamiento del presupuesto general de gastos y cálculo de recursos del año 1948, la financiación del plan de gobierno 1947-1951. Cooke en su exposición decía:

> El plan quinquenal de la revolución tiene tres enemigos fundamentales: los que los combaten porque es el plan de la revolución, los que lo combaten porque es su plan y los que los combaten porque dicen que es un mal plan
>
> La primera categoría de enemigos la constituyen los opositores sistemáticos que en su deseo de hacer un mal al gobierno no contemplan la posibilidad de estar haciendo un mal al país.
>
> La segunda categoría de enemigos la constituyen los que están amparados en las viejas teorías del libre cambio.
>
> Y por fin, la tercera categoría de enemigos que lo combaten porque es un mal plan, esta categoría es la menos peligrosa porque atacan al plan y no a la planificación.

Este debate con la intervención de Cooke merece analizarse pero solamente me permito sintetizar unas pocas conclusiones: la revolución francesa de 1789 cambia solamente «la aristocracia de sangre por la aristocracia del dinero», «la economía nunca está en paz, siempre está en guerra» y « el libre juego de la demanda no es libre ni es juego».

Los principios doctrinarios del justicialismo en materia económica son los siguientes:

1. El Estado debe proteger a las pequeñas y medianas empresas facilitando mediante créditos accesibles y obras de infraestructura la logística necesaria para integrar los procesos productivos en cadenas de valor que garantice rentabilidad al productor y calidad con precios accesibles al consumidor.
2. El Estado no se apropia de los medios de producción ni sustituye la iniciativa privada de la inversión productiva, actúa subsidiariamente para resolver un problema concreto de la realidad económica. No obstante lo cual, en circunstancias excepcionales por insuficiencia de capital privado o por razones estratégicas en determinados momentos históricos puede el Estado adquirir la propiedad de bienes de capital para producir nuevos bienes o servicios claves para el desarrollo equitativo del país.
3. El Estado promueve la inversión pública para dotar de infraestructura social básica con el objetivo de mejorar la calidad de vida de nuestro pueblo pero al mismo tiempo ejecuta obras estratégicas para que

mediante logística integrada promueva un tipo de cambio real y efectivo más competitivo basado en la reducción de costos sistémicos.

4. El Estado debe regular el sistema financiero, el comercio exterior, los precios de transferencias entre empresas multinacionales, el flujo de capitales que incluye el ingreso y egreso por diversos motivos (regalías, transferencias de utilidades, etc.), las relaciones de producción y consumo, el desarrollo armónico y equilibrado del país y las relaciones económicas internacionales con el objeto de fomentar y estimular las inversiones productivas, de servicios estratégicos y la comercialización de bienes y servicios en el mundo.
5. El Estado debe establecer un marco regulatorio adecuado para la prestación de servicios públicos de carácter monopólico, regular adecuadamente el otorgamiento de patentes de invención como así también el uso y las regalías que se pagan por las mismas.
6. El Estado debe estimular la inversión privada para la producción de bienes y servicios en el marco de los principios de libertad económica siempre y cuando no promueva la concentración económica monopólica que perjudique los mismos principios que se pretenden defender.

7. El justicialismo filosóficamente estimula las inversiones nacionales y extranjeras que contribuyan a la generación de empleo y de la riqueza nacional con el objeto que la distribución de esta riqueza sea justa y equitativa conjuntamente con el cumplimiento de las leyes laborales que protejan el interés del trabajador.
8. El justicialismo defiende los siguientes principios: a) salarios dignos, b) alimentos accesibles, c) energía barata como base para el desarrollo de la actividad productiva e industrial y la calidad de vida de nuestro pueblo, d) tipo de cambio real y efectivo competitivo con sistemas diferenciales que estimulen el valor agregado y la generación de empleo, e) tasas de interés que estimule la producción y no la especulación.
9. El justicialismo estimula la iniciativa privada, la inversión privada, la libertad económica en tanto no promueva la concentración económica que vulnere los mismos principios que fomenta, no promueve la apropiación de los medios de producción y estimula el rol del Estado para proteger a los más débiles.
10. El justicialismo promueve la regulación en áreas estratégicas y sensibles hasta inclusive la administración por parte del Estado en la preservación del interés nacional y de la soberanía del país.

El justicialismo declara el 9 de julio de 1947 la independencia económica y Miguel Miranda aplica una política económica con restricción de importaciones de bienes suntuarios, el IAPI como organismo regulador del sistema de transacciones de bienes primarios, sustitución de importaciones, nacionalización del Banco Central, en fin: intervención estatal y planificación de la economía con notables avances sociales e ingreso a la modernidad.

En el período se firman convenios con Perú, Chile, Ecuador, Paraguay, Uruguay y Bolivia con liberación de derechos aduaneros y la integración de economías complementarias.

Perón no adhirió al Fondo Monetario Internacional ni al Banco Internacional de Reconstrucción y Fomento, ni al Acuerdo General sobre Aranceles Aduaneros y Comercio. No fue invitada Argentina a la Conferencia de Bretton Woods por haber sido neutral en la Segunda Guerra Mundial.

A diferencia de otros países del mundo que presentan puntos de conflicto con Estados Unidos o complementariedad económica, la República Argentina tiene una relación distante no estratégica en lo geográfico y competitiva en la estructura económica.

Después de la Segunda Guerra Mundial Estados Unidos implementó el Plan Marshall que a valores actuales implica 270 000 millones de dólares. En valores de la época eran 30 000 millones de dólares, de los cuales Argentina recibió tan solo 21 millones de dólares y las restricciones de acceso a mercado conjuntamente con la depresión de precios de nuestros productos exportables.

Mientras tanto, Japón, Corea, Singapur, Malasia, Australia, Nueva Zelanda, Noruega, Finlandia, Europa en su conjunto formaron parte de una alianza estratégica tendiente a impedir el avance comunista desarrollando las bases y condiciones para el crecimiento industrial y la generación de empleo sustentable.

El «milagro alemán» no ha sido tal, sino que fue el producto del apoyo del Plan Marshall para financiar hasta el 70% de las importaciones alemanas con el fin de frenar el expansionismo comunista. Alemania de posguerra era un típico país industrial, importador de materias primas y alimentos y fuerte exportador (92,7%) de artículos manufacturados contrariamente a la Argentina que era y es una gran productor de alimentos (en aquel entonces, 95% de las exportaciones), cuya industria se basaba en sustitución de importaciones. La liberalización del comercio podía ser beneficiosa para Alemania pero no para la Argentina de esa época.

Noruega hoy posee un fondo de inversión de más de 800 000 millones de dólares con una rentabilidad de 5,6% anual acumulativo en los últimos quince años producto de la renta petrolera con un pasivo contingente del sistema previsional de 160 000 millones de dólares. Este fondo se acumuló a partir del descubrimiento de petróleo en el Mar del Norte y de dos decisiones políticas básicas: a) el fortalecimiento de su sistema político mediante referéndum popular en donde se optó por una monarquía constitucional y b) la alianza estratégica de Noruega con Estados Unidos en la Organización del Tratado del Atlántico

Norte (OTAN) como escudo protector del avance soviético en la guerra fría.

Australia es un país que posee cinco veces más riqueza mineral que la República Argentina, la mitad de sus habitantes (23 millones de personas), una pertenencia estratégica en el Commonwealth y con una fuerte cooperación de inversiones extranjeras directas como freno al expansionismo soviético de la Guerra Fría.

Lo mismo ocurrió con Europa tras la Segunda Guerra Mundial, o Japón o Corea del Sur. El rol geopolítico de Estados Unidos y sus alianzas estratégicas fueron determinantes en el proceso de crecimiento económico y en el desarrollo de los países.

Eduardo Hecker y Matías Kulfas en el trabajo «Una estrategia para el desarrollo económico», compilado por Nicolás Trotta en el libro *Argentina 2020*, señala que «las experiencias internacionales más exitosas nos muestran que las opciones para el desarrollo son sumamente distintas a las que la Argentina adoptó antes del año 2003. Ni Inglaterra, ni tampoco Estados Unidos se sometieron a políticas pro-mercado y los casos específicos de Corea, Japón, Hong Kong, Taiwán y Singapur como así también Malasia, Tailandia y en menor medida Indonesia muestran una asociación directa entre la vocación industrializadora del Estado con la implementación de políticas destinadas a promover el desarrollo de sectores de alta tecnología y a estimular industrias exportadoras y prácticas innovadoras ».

Los casos específicos de Corea, Hong Kong y Singapur en series estadísticas largas desde 1960 hasta 2006 indican una participación del 12% del producto interno bruto per cápita al 52% en la actualidad.

Obviamente, la matriz productiva, la organización social, su ubicación estratégica, el esfuerzo de su población y el sistema político fueron determinantes en la estrategia de desarrollo de los países.

Jared Diamond en una obra reciente, *Colapso: por qué unas sociedades perduran y otras desaparecen*, –traducida al español por Ricardo García Pérez– afirma que existen cinco conjuntos de factores que inciden en el comportamiento y evolución de las sociedades respecto a su sostenibilidad o desaparición en el tiempo.

Estos cinco conjuntos de factores son los siguientes: a) deterioro medioambiental en virtud del daño que las personas infligen inadvertidamente a su entorno, b) el cambio climático que se asocia al calentamiento global del planeta pues pueden mejorar o empeorar las condiciones en que vive una sociedad humana determinada, c) la presencia de vecinos hostiles puede expresarse de manera intermitente o crónica y antiguamente tenían mayor contacto físico por razones de cercanía, d) la presencia de vecinos amistosos y su dependencia para intercambio de bienes comerciales y por lazos culturales, e) el deterioro medio ambiental puede o no contribuir al colapso de las sociedades.

El rol geopolítico de Estados Unidos, también contribuyó al deterioro de países en medio oriente como por ejemplo: Irak, Siria y fue determinante en los condicionamientos hacia Irán después de la revolución islámica de 1979. No cabe la menor duda que las potencias imperialistas predominantes a través de la historia de la humanidad tuvieron incidencia clara e indubitable respecto a la acumulación de riqueza y la evolución científica y tecnológica como así también respecto a las decisiones políticas. En este sentido la entonces Unión de Repúblicas Socialistas Soviéticas mantuvieron un control estratégico entre sus países satélites, del mismo modo que la relación metrópoli-colonia de los países europeos en los distintos continentes afectó la estrategia de crecimiento autónomo e independiente de los países.

En estos términos, a continuación analizo y presento la evolución del producto interno bruto para el período 1950-2015 de determinados países, seleccionados en función de sus alianzas estratégicas descriptas precedentemente y comparados con nuestro país. Para ello, propongo un ejercicio práctico que consiste en que todos los países presentados junto a la Argentina inicien su serie con idéntico valor, es decir, normalizando en uno la variable para el año inicial[1].

De esta manera, observo el comportamiento de nuestro país respecto de un conjunto de países asiáticos: Japón, Corea, Malasia y Singapur. En este sentido se destaca Singapur, el cual incrementó más de ochenta veces su valor inicial. Realizando un análisis comparativo con Argentina respecto de los

[1] Esto se obtiene realizando la división entre el valor del primer año y esta misma cifra cuyo cociente es igual a uno, y para los posteriores años de la serie se mantiene constante el dividendo (como año base) y solo se va modificando el divisor por el valor que obtuvo el producto interno bruto en el año correspondiente.

últimos valor es de la serie, significó un crecimiento relativo superior al 1294%.

Gráfico 1

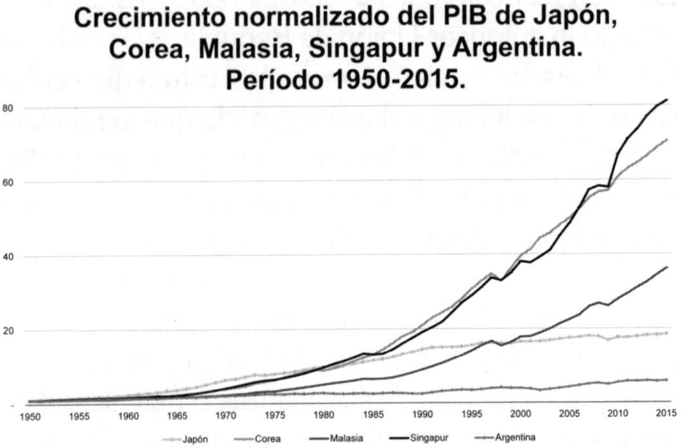

Fuente: Elaboración propia en base a Banco Mundial y Maddison (2011).

Corea también tuvo un rendimiento importante, partiendo con idénticos valores que nuestro país y considerando la cifra alcanzada en el año 2015, su producto interno bruto es 12,1 veces el de Argentina. A su vez y en estos términos, Malasia y Japón son 6,2 y 3,2 veces superior, respectivamente.

Adicionalmente realizaré el mismo ejercicio para Finlandia, Alemania, Noruega, Australia y Nueva Zelanda. Estos países fueron seleccionados en función del mismo criterio descrito en párrafos precedentes, solo modificando el período analizado, el cual se encuentra entre 1946 y 2015.

Entre los países analizados Alemania y Australia prácticamente comparten el primer lugar, dado que han incrementado 12,69 y 12,58 veces el valor de su producto interno bruto, respectivamente. Asimismo, se puede observar gráficamente las diferentes trayectorias que tuvieron ambos (Gráfico 2), donde Australia incrementa su tasa de crecimiento anual por encima de Alemania a partir de la segunda mitad de la serie. Además, se destaca el comportamiento relativamente similar que este país de Oceanía tuvo respecto de Finlandia y Noruega, con el primero se empieza a distanciar a comienzos de la década de los 90 y con el segundo país a comienzos del siglo XXI.

Gráfico 2

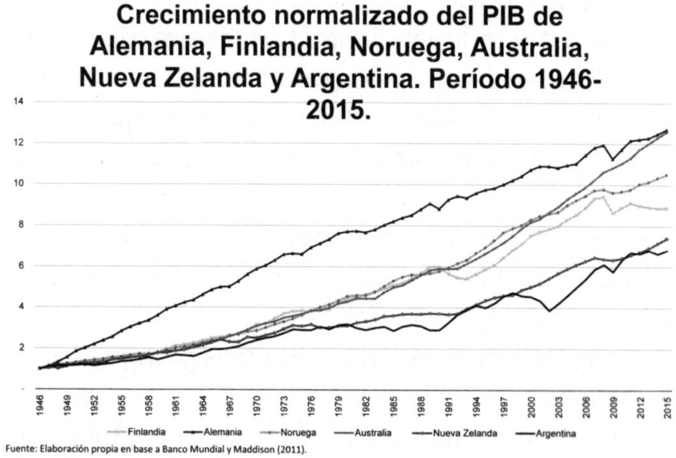

Fuente: Elaboración propia en base a Banco Mundial y Maddison (2011).

Durante el período y considerando el último año de la serie, Alemania y Australia prácticamente duplicaron el producto interno bruto de Argentina, es decir, esta variable es 1,86 y 1,84 veces superior al de nuestro país, respectivamente. El resto de los países seleccionados también tuvo un rendimiento relativamente mayor que la Argentina, en los casos de Noruega y Finlandia 1,54 y 1,30 veces por encima. Mientras que Nueva Zelanda hacia el final de la serie se observa un producto interno bruto que prácticamente se incrementó en la misma proporción (un 9% más que Argentina), pero con una trayectoria más estable y sin la presencia de altibajos pronunciados.

Por otra parte y a comienzos de este período, en Argentina la nacionalización y estatización de empresas ha sido un hito significativo en la administración de los resortes económicos para el desarrollo autónomo e independiente. Los ferrocarriles ingleses se hicieron en canje con acreencias argentinas por ciento cincuenta millones de libras que por la declaración de inconvertibilidad el 20 de agosto de 1947 costaron solo cuarenta millones de libras. El 1° de marzo de 1948 los ferrocarriles son argentinos. También se nacionalizan los ferrocarriles franceses (Buenos Aires, Santa Fe).

Se estatizan también los tranvías y empresas de colectivos.

El 3 de septiembre de 1946 el gobierno adquiere la mayoría accionaria de Unión Telefónica vinculada a ITT y en diez años colocó 600 000 teléfonos, muchos más que los 457 000 aparatos colocados desde 1881.

El gasoducto desde Comodoro Rivadavia abre un nuevo desarrollo de este insumo energético esencial logrando 318 metros cúbicos de consumo, lo mismo que la ubicación de 100 000 metros cúbicos de carbón de Río Turbio.

Energía eléctrica, petróleo y marina mercante fueron decisiones estratégicas en pos de la soberanía nacional.

El modelo peronista históricamente ha sido recurrente en la manifestación de ciertos desequilibrios macroeconómicos de corto plazo por cuanto el déficit fiscal, la incidencia de shocks externos y el aumento de la demanda agregada generan impactos en el sector externo, principalmente respecto a la insuficiencia de la oferta de divisas generadas en el cambio de modelo.

Concretamente, el cambio de una matriz productiva de base agroexportadora excluyente en lo social y de alta concentración de ingresos en los sectores dominantes, hacia una matriz de base industrial con diversificación productiva cuyo efecto redistributivo es inmanente al modelo, posee inexorablemente un período de transición con altas tensiones de carácter social y político derivado del predominio de los sectores con privilegios económicos.

Es posible analizar cuatro períodos diferentes de modelos económicos encabezados por gobiernos peronistas (considerando solo aquellos elegidos por la voluntad popular, lo cual excluye interinatos o transiciones).

En efecto, es posible clasificar los gobiernos que asumieron responsabilidades de conducción del Estado nacional con el liderazgo del justicialismo en frentes electorales, independientemente de sus enfoques hacia variantes neoliberales (Menem) o variantes populistas/progresistas (Kirchner).

Por lo tanto, tendremos un análisis en dos secciones bien diferenciadas.

La primera, que se corresponde con la segunda parte de este libro estudia la evolución histórica de la economía argentina y compara períodos a través de un análisis cuantitativo y cualitativo proporcionado por herramientas econométricas y de estadística descriptiva.

La segunda sección del análisis, que constituye la tercera parte de este libro, consiste en considerar aspectos específicos y descripción de entornos políticos de las decisiones adoptadas por los gobiernos.

SEGUNDA PARTE

Los números del peronismo

Análisis de datos y series macroeconómicas

Con el objetivo de analizar relaciones estructurales de largo plazo, primeramente construimos bases de datos de dieciocho variables clave de la Economía Argentina entre los años de 1940 y 2015. Con esta serie histórica y en segunda instancia, utilizamos herramientas de la econometría para observar y reconocer relaciones significativas en este grupo de variables. Para ello recurrimos a modelos de vectores autorregresivos, los cuales nos permitieron describir relaciones estructurales.

En función de estas observaciones y en la tercera etapa del trabajo,utilizamos nuevamente otra herramienta econométrica denominada modelo de mínimos cuadrados ordinarios, corriendo este específicamente para cada relación encontrada. El modelo de mínimos cuadrados ordinarios es un método que se propone captar el efecto de múltiples variables independientes sobre una en particular que se denomina dependiente. Es decir, analizando cómo se comporta o cambia la variable dependiente al modificarse cada variable independiente por separado. Estos efectos se llaman parámetros y su valor es estimado a partir de cómo se fueron asociando o relacionando estas variables durante el período considerado.

Las variables incluidas sobre la base de una muestra de 76 años:

- Producto interno bruto.
- Producto interno bruto industrial.
- Inversión bruta interna fija.
- Consumo privado.
- Consumo público.
- Salario real industrial.
- Términos de intercambio.
- Cuenta corriente.
- Cuenta capital.
- Variación de reservas.
- Reservas internacionales.
- Tipo de cambio.
- Inflación.
- Base monetaria.
- Ocupados.
- Deuda Pública.
- Producto interno bruto agropecuario.
- Déficit del consumo energético.

El primer modelo presentado es el que se propone asociar variables al producto interno bruto, como una aproximación que contribuya a permitirnos entender la evolución económica y social de la República Argentina. En este sentido y por cuestiones técnicas se representan las variables en variaciones logarítmicas, en el período entre 1941 y 2015, inclusive, por lo que se pierde un año de observación.

A continuación se presenta lo observado y posteriormente una descripción e interpretación de los resultados obtenidos en esta serie histórica. El modelo propuesto, con las variables en niveles, es el siguiente:

Producto interno bruto = β_0 + β_1 * consumo privado + β_2 * consumo público + β_3 * inversión bruta interna fija + β_4 * producto interno bruto industrial + β_5 * producto interno bruto agropecuario

---

En función de esta ecuación se construyó el gráfico 3, el cual se propone mostrar la variabilidad observada y estimada del producto interno bruto por el modelo. Es decir, cómo efectivamente se comportó el producto interno bruto a lo largo de toda la serie (observada) y, por otra parte, cómo el modelo a partir de las variables consideradas proyecta que se podría haber comportado si solo se tenían en cuenta las mismas (estimación).

Gráfico 3

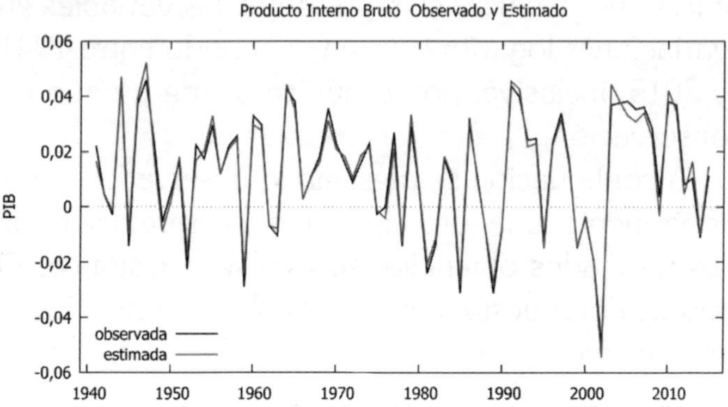

Como se puede observar en el gráfico 3, el modelo propuesto explica con precisión las variaciones del producto interno bruto en función de las variables que lo integran. En otros términos,el ajuste de este modelo se corresponde con un R-cuadrado de 0,979. Esto indica que las variaciones de las variables que se consideró en el modelo ayudan a explicar el 97,9% de las variaciones del producto bruto interno.

Asimismo en el cuadro 1 y en el marco de esta ecuación, se presentan los valores obtenidos de la regresión, a saber:

Cuadro 1

Variable	MCO
Constante	0,00236830*** (0,000389680)
Consumo Privado (log)	0,382046*** (0,0395600)
PIB Industrial (log)	0,209860*** (0,0241196)
IBIF (log)	0,0864477*** (0,0113776)
Consumo Público (log)	0,0838637*** (0,0146571)
PIB Agropecuario (log)	0,0650578*** (0,0211031)
R-cuadrado	0,978507
Número de casos	75

Nota: Errores Estándar entre paréntesis.

* p < ,10 **, p < ,05 ***, p < ,01 (prueba de dos colas).

Del cuadro presentado precedentemente se destaca el consumo privado como aquella variable que más influencia tiene en la variación del producto interno bruto (un coeficiente de 0,382). A su vez, se observa una relación positiva entre estas, es decir que si sube el consumo privado se espera que el producto interno bruto haga lo mismo.

El coeficiente y las consideraciones expresadas en el párrafo precedente indican que ante una variación del 1% en el consumo privado,se estima que ello generará un incremento del 0,382% en el producto interno bruto, manteniendo las restantes variables constantes. En el gráfico 4 se advierte la importancia que tienen las variaciones de este consumo en los cambios del producto interno bruto. De esta manera, el consumo privado se presenta como una de las principales variables que explica el comportamiento de la economía en los últimos 65 años.

Gráfico 4

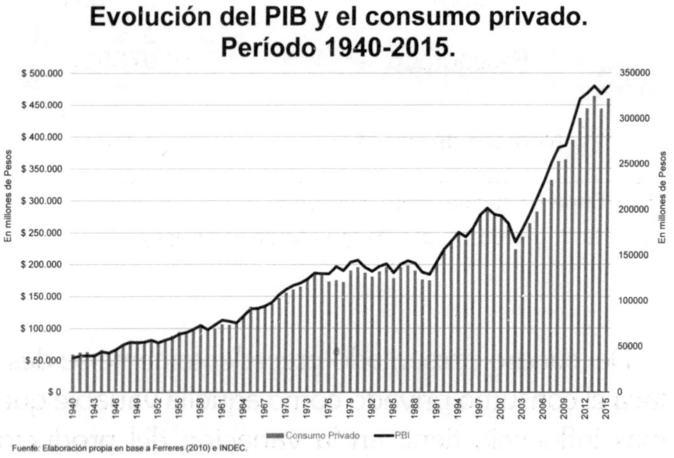

En estos términos, el comportamiento del consumo privado durante los dos primeros mandatos presidenciales de Perón se incrementó un 38,19%, creciendo a una tasa anual del 3,82%, acumulando hacia el final del período un total de 43,77%. Esta evolución ascendente recién pudo superarse bajo el gobierno de Menem, aumentando en un 56,25% a una tasa del 5,11% anual, aunque en todo su mandato el acumulado fue levemente inferior (40,14%) a lo estimado en el primer período analizado.

Gráfico 5

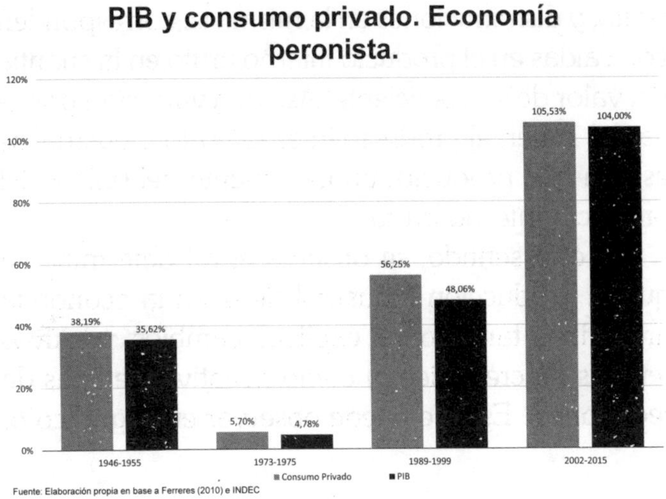

Los valores alcanzados en el período 2002-2015 superaron los máximos históricos en esta variable, mostrando un crecimiento del 105,53%. La tasa anual de incremento fue superior al 7,54%. En el gráfico 5 se destaca el comportamiento del consumo privado en los períodos con gobiernos peronistas. Un hecho relevante es que el crecimiento del mismo en todos los períodos se encontró por encima de los incrementos en el producto interno bruto. Dado el efecto que este tiene en el producto interno bruto, se advierte un crecimiento de la economía sobre la base del consumo privado.

Por otra parte y en orden de importancia se destaca el producto interno bruto industrial, observándose una relación positiva con el producto interno bruto. Esto señala que los incrementos en la producción industrial generan un crecimiento del producto interno bruto, y disminuciones en la misma se corresponden con caídas en el producto interno bruto en la cuantía del valor de su coeficiente. Así, una variación positiva del 1% en el producto interno bruto industrial se estima que producirá un incremento del 0,21% del producto interno bruto.

En este sentido, se observa el rol determinante que la producción industrial tiene en la economía argentina, tanto para explicar cambios positivos (etapas de crecimiento) como negativos (etapas de recesiones). Esto se puede observar en el gráfico 6.

Gráfico 6

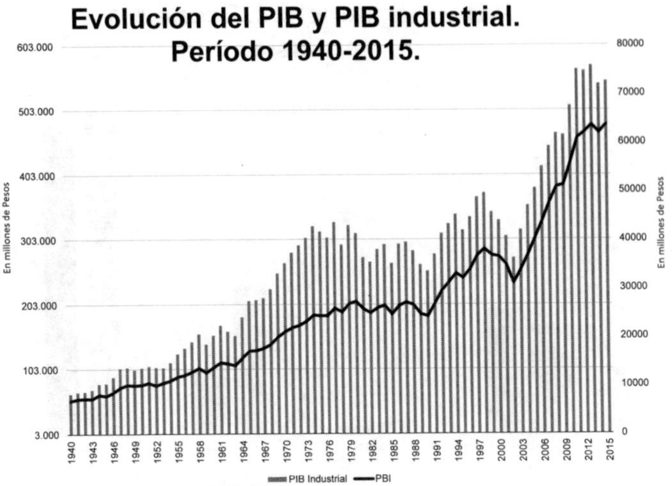

Fuente: Elaboración propia en base a Ferreres (2010) e INDEC

Continuando el análisis en términos descriptivos, se advierte que en el primer y segundo gobierno de Perón el producto interno bruto industrial se incrementó un 40,52%, a una tasa anual de crecimiento levemente superior a los cuatro puntos porcentuales. De esta manera, se acumuló un incremento superior a 1,4 veces el valor de esta variable respecto del inicio de su mandato.

Entre los años 2002 y 2015 el producto interno bruto industrial se duplicó, creciendo a una tasa del 7,17% anual. Esto permitió acumular un impacto positivo del 62,56%.

Gráfico 7

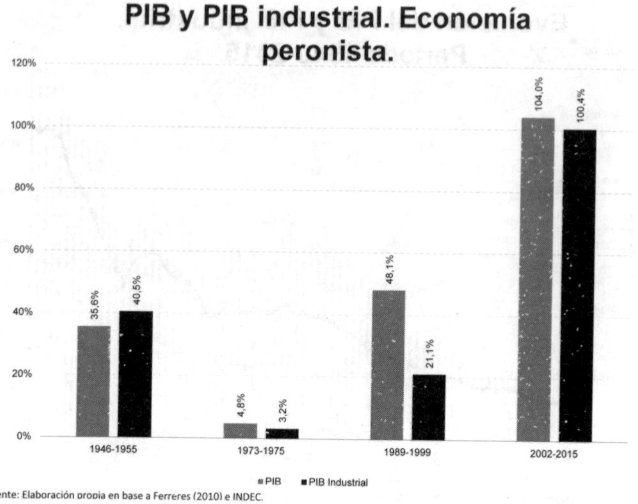

Fuente: Elaboración propia en base a Ferreres (2010) e INDEC.

En el gráfico 7 se aprecia el desempeño del producto interno bruto junto al producto interno bruto industrial en los períodos de gobiernos peronistas.

Se observa en la primera y segunda presidencia de Perón un crecimiento de la industria por encima del crecimiento de la economía. Este hecho destaca el protagonismo que la producción industrial asumió en este período.

Asimismo, otra variable clave que se propone como explicativa del comportamiento del producto interno bruto, y en estos términos de la economía argentina, es la inversión bruta interna fija. La inversión bruta interna fija afecta de manera positiva al producto interno bruto, en una proporción en la cual ante una variación del 1% se producirá estimativamente un cambio de alrededor del 0,09% en el producto interno bruto.

Más específicamente y profundizando en el análisis descriptivo, entre 1946 y 1955 la inversión bruta interna fija presentó un crecimiento de 1,58 veces, a una tasa anual del 5,78%. La inversión bruta interna fija alcanzó en este período un 17% del valor del producto interno bruto. El acumulado en este espacio temporal fue del 90,41%, superando estos registros catorce años después de derrocado Perón, hecho que se produjo en el año 1969 (103,76%).

Gráfico 8

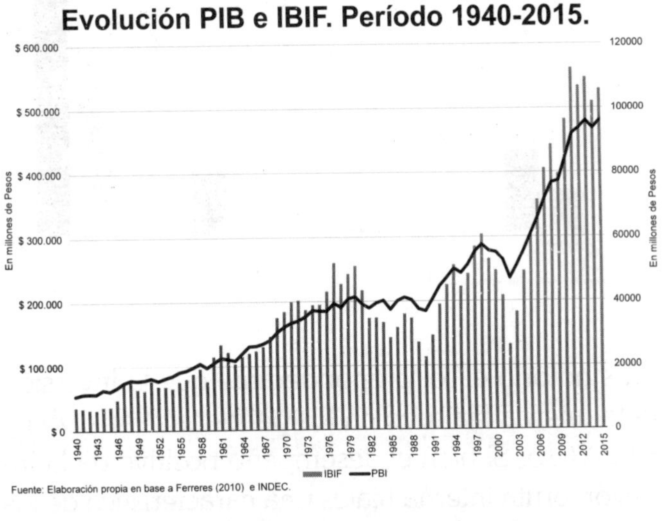

Fuente: Elaboración propia en base a Ferreres (2010) e INDEC.

En los últimos tres gobiernos nacionales identificados con el peronismo se alcanzó el máximo histórico en esta variable (299,25%), a un ritmo de

21,38% anual, destacándose el período de la presidencia de Néstor Kirchner en cuyos años se acumuló un 127,08% de crecimiento ininterrumpido. En toda esta etapa la inversión bruta interna fija registró un valor que representó el 22% del producto interno bruto. Ello se puede observar en el gráfico 9.

Gráfico 9

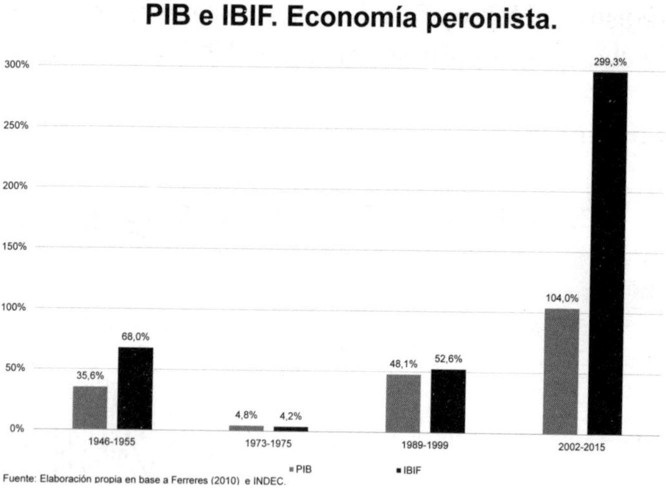

Es notorio el rol preponderante que la inversión bruta interna fija tuvo en los períodos 1946-1955 y 2002-2015. Si bien el desempeño positivo de la inversión bruta interna fija es una característica de los restantes períodos de gobiernos peronistas, se observa que en los dos primeros mandatos presidenciales de Perón el crecimiento de la inversión bruta interna fija es aproximadamente el doble que el incremento registrado por el producto interno bruto.

A su vez, en las presidencias de Néstor Kirchner y Cristina Fernández de Kirchner, el crecimiento de la inversión bruta interna fija prácticamente triplica al crecimiento del producto interno bruto.

El gráfico 9 refleja la importancia que tuvo la inversión bruta interna fija en los gobiernos peronistas citados previamente.

Adicionalmente y con un efecto sobre el producto interno bruto de similar magnitud que la inversión bruta interna fija se encuentra el Consumo Público, observándose una relación positiva entre las mismas. Dado este signo y lo encontrado por el análisis econométrico realizado, ante un incremento en el consumo público del 1% se estima que el producto interno bruto también crecerá en un proporción del 0,09%.

El efecto relativamente menor de esta variable se puede observar de alguna manera en el gráfico 10, cuando se explicitan períodos en los que la trayectoria del consumo público se corresponde con la del producto interno bruto y otros en los que ambas evolucionan de forma opuesta.

Gráfico 10

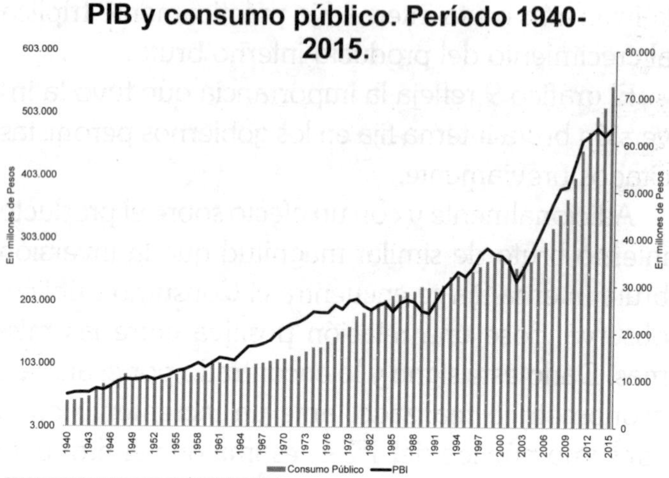

Fuente: Elaboración propia en base a Ferreres (2010) e INDEC.

En la etapa de la primera y segunda presidencia de Perón y los gobiernos de Néstor Kirchner y Cristina Fernández de Kirchner el consumo público, se destaca como estas variables tienen la misma tendencia. Ello permite aproximarnos a una explicación posible, el crecimiento del producto interno bruto en estos períodos, además de sustentarse en el consumo privado, el producto interno bruto industrial y la inversión bruta interna fija, también el consumo público tuvo un aporte significativo.

Entre 1946 y 1955 el consumo público experimentó un crecimiento de 25,29%, a una velocidad de crecimiento del 2,53%. En esta fase temporal se destaca el incremento interanual que se produce en 1948 alcanzando un 19,02%, siendo el segundo más importante de toda la serie histórica dado que el mayor crecimiento se observa en 1944 con un 24,37%.

Gráfico 11

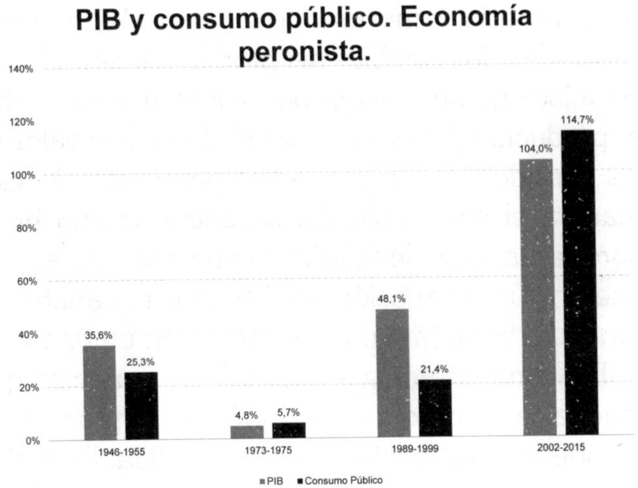

Fuente: Elaboración propia en base a Ferreres (2010) e INDEC.

Si bien en el período 1973-1975 se observa un crecimiento relativamente bajo (5,73%), en estos años se acumuló un incremento de 12,33% lo cual es un valor importante en términos relativos. Posteriormente, en los sucesivos gobiernos de Menem esta variable tuvo un comportamiento positivo, prácticamente cuatro puntos porcentuales por debajo de los dos primeros gobiernos de Perón analizados (21,36%).

En estos términos, el mayor crecimiento de la historia se presentó entre 2002 y 2015, donde se observa que el consumo público más que duplicó su valor (114,73%). Creciendo a una velocidad anual del 8,20%, destacándose a su vez que a partir del primer año considerado nunca tuvo un descenso interanual.

Por último, se presenta el producto bruto interno agropecuario como una de las variables que está asociada a los cambios del producto interno bruto. Se relaciona de manera positiva y su efecto sobre el producto interno bruto es el de menor valor de los considerados en el modelo propuesto. De esta manera el coeficiente del producto interno bruto agropecuario es de 0,0651, lo que equivale a decir que ante una variación del 1% en esta variable, el producto bruto interno se modifica en un 0,06%.

En comparación con las demás variables que influyen en el producto interno bruto, la producción agropecuaria impacta en menor medida. El gráfico 12 muestra la evolución de esta junto al producto interno bruto. Aunque con tendencias positivas en los períodos 1945-1956 y 2002-2015, se observa también que son estas etapas donde se presentan los más marcados desequilibrios en sus trayectorias.

Gráfico 12

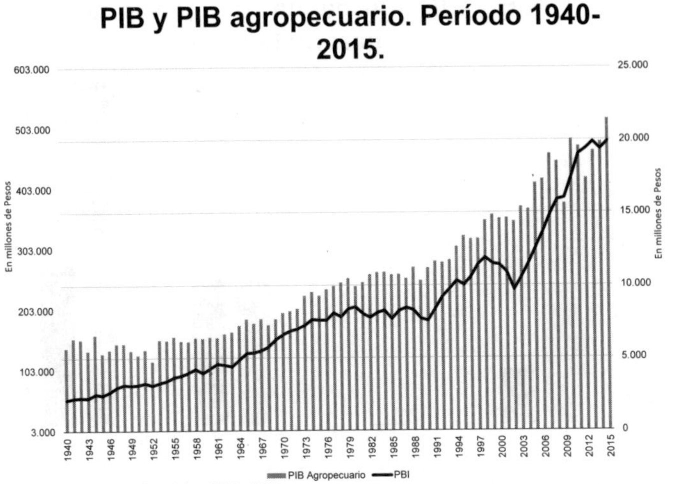

Fuente: Elaboración propia en base a Ferreres (2010) e INDEC.

Continuando el análisis desde la estadística descriptiva, durante las dos primeras presidencias de Perón el sector compuesto por la agricultura, ganadería, caza y silvicultura crecieron en el aporte al producto interno bruto un 25,86% acumulado, necesitando diecisiete años luego del derrocamiento de Perón para superar este porcentaje acumulado. En este sentido, otro período destacado en cuanto a esta variable se presenta entre 1989 y 1999, donde este sector creció prácticamente cuatro puntos (29,54%) por encima del anterior gobierno presidencial analizado.

Gráfico 13

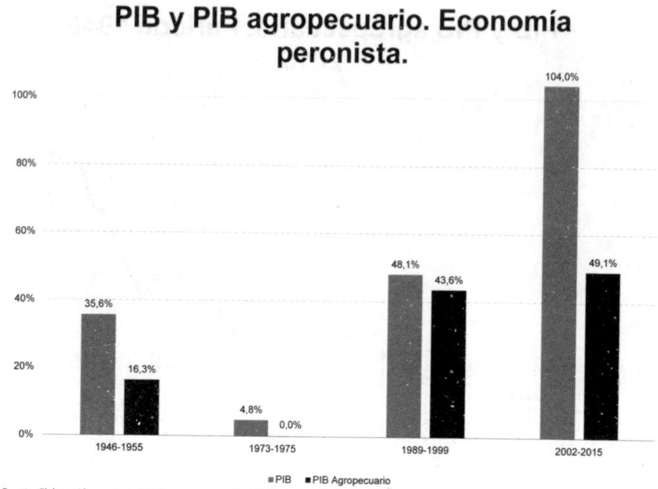

Fuente: Elaboración propia en base a Ferreres (2010) e INDEC.

El máximo registro se encuentra entre 2002 y 2015, donde estas producciones crecieron 4,36 y 1,81 veces en términos de su aporte monetario al producto interno bruto, respecto a los gobiernos antes mencionados. Además y en función de lo observable en el gráfico 13, en los períodos 1945-1956 y 2002-2015 la producción agropecuaria acompañó el crecimiento de la economía, se advierte que lo hizo en menor medida que entre los años 1989 y 1999 donde su crecimiento fue similar al rendimiento del producto interno bruto.

Análisis de las variables influyentes

Presentado el modelo con el cual nos propusimos encontrar los principales determinantes del producto interno bruto en la economía argentina, dada la serie de tiempo analizada, a continuación abordaremos las dos variables clave asociadas a la evolución económica y social de nuestro país.

Consumo privado

El consumo privado es sin dudas una de las variables de mayor influencia en el desempeño de la economía argentina en los últimos 75 años. Las variaciones en este tipo de consumo determinan en buena medida las variaciones del producto interno bruto. Como se ha demostrado precendentemente, si el consumo privado tiene variación del 1% se estima que ello generará un incremento del 0,382% en el producto interno bruto, manteniendo las restantes variables constantes.

En función de ello, en este apartado profundizaremos sobre las variables que se encuentran asociadas al consumo privado. Para ello, estimamos un modelo que explica el comportamiento del consumo privado en función de variables económicas vinculadas al mismo.

$$\text{Consumo privado} = \beta_0 + \beta_1 * \text{consumo público} + \beta_2 * \text{IBIF} + \beta_3 * \text{producto interno bruto} + \beta_4 * \text{salario industrial real} + \beta_5 * \text{gobierno peronista}$$

La ecuación presentada expone que el consumo privado tiene relación con el consumo público, la inversión bruta interna fija, el producto interno bruto y salario industrial real en la serie histórica considerada, la cual se encuentra entre 1941 y 2015. A su vez y con el objetivo de establecer si estas relaciones se dan con mayor intensidad en los gobiernos peronistas, se introduce en el modelo una variable ficticia. La misma captura la diferencia en el efecto que las variables tienen sobre este consumo en los períodos de tiempo donde hubieron gobiernos peronistas. El signo determina la dirección y el valor del coefieciente de la variable ficticia nos indica la magnitud de su efecto.

La relevancia de este modelo y dada la ecuación construida, se puede observar en el próximo gráfico. La propuesta consiste en mostrar cómo fue la evolución del consumo privado en toda la serie (variabilidad observada) y cómo a partir del modelo construido se reconstruye este comportamiento teniendo en cuenta solo las variables presentes en la ecuación (variabilidad estimada).

Gráfico 14

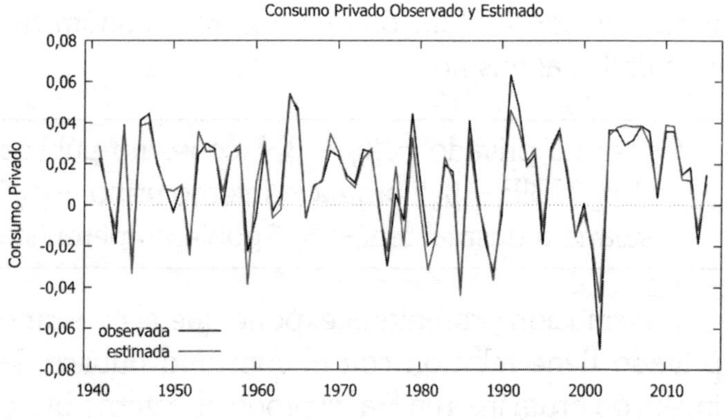

Como un parámetro de la variabilidad estimada, este modelo presenta un R-cuadrado de 92,4%. En otras palabras, las variaciones que tiene el consumo privado a lo largo de los años considerados pueden ser interpretadas como válidas dados los cambios en las variables que integran la ecuación propuesta.

Más detalladamente, en el cuadro 2 y en el marco de la ecuación, se presentan los valores obtenidos de la regresión para cada una de las variables, a saber:

Cuadro 2

Variable	MCO
Constante	– 0,00270785* (0,00152875)
Producto Industrial Bruto (log)	1,36644*** (0,0929783)
Consumo Público (log)	– 0,177989*** (0,0417982)
IBIF (log)	– 0,122830*** (0,0268509)
Salario Industrial Real (log)	0,0474406** (0,0219186)
Gobierno Peronista	0,00311574* (0,00172129)
R-cuadrado	0,923685
Número de casos	75

Nota: Errores Estándar entre paréntesis.

* p < ,10 **, p < ,05 ***, p < ,01 (prueba de dos colas).

En este marco, encontramos que las relaciones de las variables que afectan el Consumo privado lo hacen con mayor intensidad en los períodos de gobiernos peronistas. Esto último queda reflejado en el signo positivo de la variable ficticia que fue incluida en el modelo, cuyo coeficiente es 0,00312.

Este modelo señala al producto interno bruto como uno de sus principales determinantes, a mayores niveles de producto interno bruto se traducen en mayores niveles de consumo privado, lo cual viene indicado por su signo positivo. El coeficiente nos permite estimar que ante una variación de un 1% en el producto interno bruto, este tipo de consumo se incrementaría un 1,366%. Esta relación se puede observar claramente en el gráfico 15.

Gráfico 15

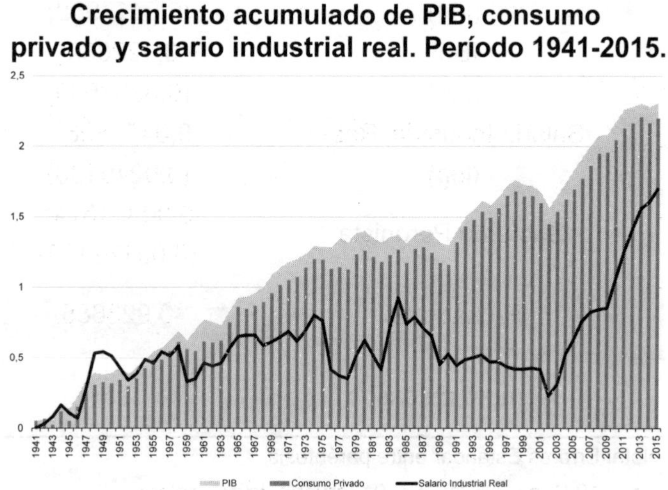

Fuente: Elaboración propia en base a Ferreres (2010) e INDEC

A su vez, el salario industrial real aparece en este modelo como otro de los determinantes clave del consumo privado. Si estas retribuciones se incrementan un 1%, se podría estimar que este tipo de consumo ascendería un 0,047%. Como se ha comentado precedentemente, estos efectos adquieren mayor fuerza en lo períodos de gobiernos peronistas.

A continuación analizaremos más en detalle el comportamiento de esta variable clave en las etapas objeto de estudio. Así, el salario industrial real creció durante las dos primeras presidencias de Perón un 38,9% en todo el período, a un ritmo anual del 3,89% por sobre la inflación.

En esta etapa entre 1946 y 1955, el crecimiento acumulado en total fue del 35,29%, nivel que estuvo a un punto porcentual de alcanzarse en 1974 (34,19% acumulado) y que recién pudo superarse 29 años después del golpe de Estado de 1955. A su vez, es también importante subrayar que entre 1989 y 1999 si bien se incrementó el consumo privado, este no lo hizo sobre la base del salario industrial.

Gráfico 16

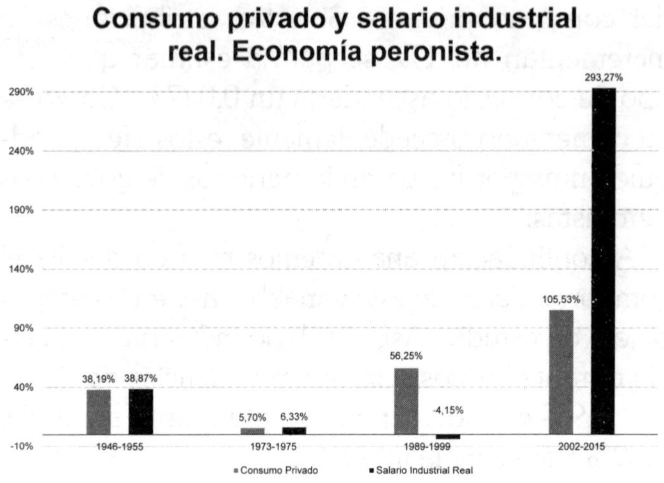

Fuente: Elaboración propia en base a Ferreres (2010) e INDEC

En la historia de nuestro país, ningún otro presidente pudo lograr esos niveles de crecimiento acumulado desde inicios de su mandato hasta finalizarlo, excepto las de Néstor Kirchner (59,48%) y Cristina Fernández de Kirchner (87,47%). Si tomamos los últimos tres períodos de gobiernos peronistas, el salario industrial real creció un 293,27%, a una tasa de crecimiento anual del 20,95% y registrando un incremento acumulado del 127,94%.

Por otra parte la relación que presenta el consumo público con el privado es negativa, esto significa que el crecimiento de uno se corresponde con el deterioro de la otra variable. Un incremento en el consumo público de un 1%, provocaría una disminución en el consumo privado del 0,178%.

A este hecho en economía se lo conoce como efecto *crowding-out*, el cual da cuenta de una expulsión del consumo privado ante una expansión del consumo público, contribuyendo a la hipótesis de sutituibilidad entre ambos. Existen en la bibliografía económica numerosos estudios empíricos a favor o en contra de lo observado durante los 75 años en la economía argentina. Referenciado suscintamente ello, existieron momentos históricos donde esta relación se presentó como complementaria (si crecía uno, el otro también) y en otros como sustituta (si aumentaba uno, el otro descendía), por ende a partir de este análisis no estamos en condiciones ni pretendemos validar o refutar la hipótesis, dado que existen mecanismos que pueden afectar de manera indirecta esta relación.

Adicionalmente,en el modelo se observa un relación negativa entre la inversión bruta interna fija y el consumo privado, ante un incremento de un 1% en la inversión bruta interna fija se estima que disminuirá un 0,123% la otra variable considerada. Esto implica que se correlacionan de manera excluyente, es decir que en los períodos de expansión de este tipo de inversión, se reducen las fuerzas que propician el crecimiento del consumo privado. No obstante el incremento de la inversión bruta interna fija, vía aumento de productividad, se esperaría que genere aumentos en el salario real que afecten al consumo privado de manera positiva, aunque ello no se observe en el mismo período de tiempo.

Finalmente, se puede observar la importancia que tiene el consumo en el modelo de crecimiento de la economía durante los gobiernos peronistas. Las ecuaciones presentadas nos permiten reconocer ciertos patrones que se destacan especialmente durante los mandatos peronistas, impulsar fuertemente el consumo y el desarrollo industrial para incrementar los niveles de ocupación de la población y la redistribución del ingreso a partir del crecimiento del salario.

Producto interno bruto industrial

La actividad industrial es otro de los determinantes clave del comportamiento de la economía argentina durante todo el período histórico analizado. Como hemos demostrado previamente, el producto interno bruto industrial es la segunda variable en orden de importancia, solo superada por el consumo privado, que está relacionada al crecimiento del producto interno bruto. De esta manera, incrementos en la producción industrial del 1% se estima que generarían un crecimiento del 0,21% en el producto interno bruto.

Por ello, estimamos un modelo del producto interno bruto industrial para encontrar relaciones significativas que contribuyan a profundizar nuestro análisis del comportamiento de esta variable.

Producto interno bruto industrial = $\beta_0 + \beta_1$ * producto interno bruto + β_2 * producto interno bruto agropecuario

---

La ecuación expuesta nos indica la existencia de relaciones entre el producto interno bruto industrial y el producto interno bruto y producto interno bruto agropecuario. Estas correlaciones se identifican en toda la serie de datos considerada, entre los años 1941 y 2015. Para este período, en el gráfico 17, nos proponemos exponer las diferencias entre la variabilidad observada (en la serie) y estimada del producto interno bruto industrial (por el modelo).

Gráfico 17

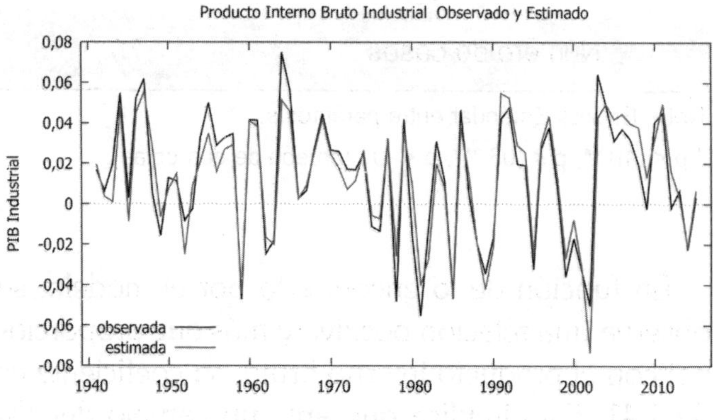

A partir de lo estimado por el modelo, encontramos que el mismo explica el 88,3% de las variaciones de la actividad industrial. En el gráfico 17 podemos observar que hay períodos en los que la estimación se ajusta con mayor exactitud que en otros.

Más en detalle, a continuación presentamos el cuadro 3 donde se exponen los valores relevantes de la ecuación.

Cuadro 3

Variable	MCO
Constante	−0,00399905*** (0,00143071)
PIB (log)	1,40918*** (0,0620791)
PIB Agropecuario (log)	−0,159125*** (0,0399214)
R-cuadrado	0,883169
Número de casos	75

Nota: Errores Estándar entre paréntesis.

* p < ,10 **, p < ,05 ***, p < ,01 (prueba de dos colas).

En función de lo encontrado por el modelo, se observa una relación positiva y más que proporcional con el producto interno bruto, su coeficiente es de 1,41. Esto implica que ante un cambio del 1% en el producto interno bruto, se estima que podría generar una variación del 1,41% en los niveles de producción industrial. Ello nos indica que cambios positivos en el producto interno bruto repercuten en mayor medida en la producción industrial. Al mismo tiempo nos dice que los períodos de recesión de la economía afectan con mayor intensidad a la actividad fabril.

En este sentido el sector industrial se presenta como receptor del crecimiento de la economía, en un ciclo cuyos cimientos se encuentran asociados al comportamiento del consumo privado, y este con salarios dignos. De esta manera y como se ha demostrado anteriormente, el incremento en la producción manufacturera se relaciona con aumentos en los niveles de inversión y empleo. La expansión del mercado interno, con bases en niveles más altos de ocupación y salarios más fuertes, se estima a partir del modelo que se relaciona con incrementos de la actividad fabril.

Por otra parte, encontramos una relación negativa entre la actividad industrial y la del sector agropecuario. Esto se observa en el signo de la correlación que el producto interno bruto agropecuario presenta en la ecuación. A su vez, ante un incremento del 1% en la producción agropecuaria, el producto interno bruto industrial se estima que descendería un 0,16% aproximadamente.

Asimismo y para graficar esta correlación negativa entre estos dos determinantes clave de la economía argentina presentamos un análisis de tendencia, el cual consiste en aislar y exponer solo el componente que determina el comportamiento a largo plazo de las variables, es decir observar la direccionalidad sin tener en cuenta las irregularidades observadas. Para ello aplicaremos un filtro Hodrick-Prescott.

Con este método podremos establecer los ciclos de crecimiento y determinar sus puntos de cambio, en la serie de tiempo considerada, examinando así sus trayectorias. En el gráfico 18 presentado a continuación se observa la evolución de las pendientes de las tendencias, su tasa de variación.

Gráfico 18

Análisis de tendencia PIB agropecuario y PIB industrial. Período 1941-2015.

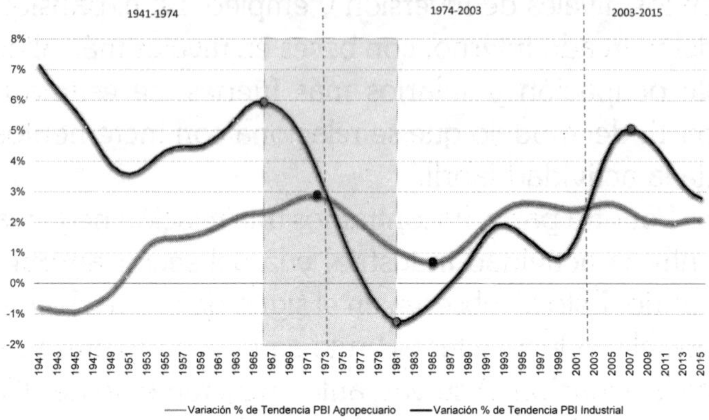

Fuente: Elaboración propia en base a Ferreres (2010) e INDEC.

En estos términos, observamos los puntos de cambio de trayectoria de las variables e identificamos y delimitamos sus fases de contracción y recuperación. En toda la serie existen tres períodos claramente determinados por el comportamiento de las pendientes de las tendencias de la producción industrial y la agropecuaria.

Entre 1941 y 1974 se encuentra el primer período, en estos años la producción manufacturera creció a tasas superiores a las tasas de crecimiento registradas por la actividad agropecuaria. Durante toda esta etapa el producto interno bruto Industrial presenta una pendiente de crecimiento superior a la tasa de variación del producto interno bruto agropecuario. Desde inicios de la serie y hasta el año 1950 el sector agropecuario registra una pendiente negativa, y a partir de 1951 hasta 1974 su pendiente de crecimiento es positiva, aunque considerablemente menor a la observada en la actividad fabril.

El segundo período transcurre durante los años 1974 y 2003. Este lapso de tiempo se caracteriza por dos hechos, uno de ellos tiene que ver con crecimiento durante toda esta etapa de la actividad agropecuaria con pendientes superiores a las de la producción industrial, exactamente lo contrario había ocurrido en la primera.

El otro hecho esta asociado al comportamiento de la pendiente de producto interno bruto industrial, el mismo presenta diez años de pendiente negativa entre 1977-1987. A partir del año 1988, la actividad fabril crece con pendiente positiva similar a la del sector agropecuario, aunque por debajo del mismo. En 1993 vuelven a separarse, tomando ventaja el producto interno bruto agropecuario sobre el industrial.

En el último espacio temporal considerado, 2003-2015, tanto la producción manufacturera como la agropecuaria crecen con pendientes positivas. A su vez, se destaca que el producto interno bruto industrial se incrementa a tasas superiores durante todo este trayecto, actividad evidentemente priorizada desde la política económica.

Adicionalmente, identificamos los puntos de inflexión que delimitan las fases de expansión y recesión de la actividad industrial. En el año 1966 se alcanza el máximo global de la primera etapa de expansión. A partir de allí el sector comienza un proceso de desaceleración que se manifiesta en crecimientos a tasas cada vez más bajas. En 1977, las tasas de variación se vuelven negativas y se registra la mayor tasa de caída en el año 1981. Esto convierte al año 1981 en un mínimo global, a partir de allí la actividad sigue cayendo pero a tasas cada vez menores.

El período de tiempo entre un máximo global y un mínimo global se denomina fase de recesión o contracción de la actividad. En la actividad industrial esta recesión queda comprendida entre los años 1966 y 1981, una duración de quince años. Un nuevo punto máximo se alcanza recién 26 años después, en el año 2007. Observándose de esta forma una etapa de lenta recuperación del producto interno bruto industrial, la cual se acelera a partir del año 2003 en adelante.

Por su parte, en la actividad agropecuaria encontramos solo un punto de inflexión en el año 1972. De esta manera, durante las dos primeras presidencias de Perón el producto interno bruto agropecuario empieza a tener un crecimiento positivo que dura hasta el año 1972, donde el campo vive su fase de expansión. Desde el año 1972 en adelante la tasa de crecimiento del sector es siempre positiva, registrando su mínima tasa de crecimiento en el año 1985. Dado esto se puede decir que en los últimos 43 años el producto interno bruto agropecuario se encuentra en continuo crecimiento.

Ahora bien, analizaremos con algún grado de detalle más profundo el comportamiento de estas variables durante los gobiernos peronistas. En este sentido, podemos observar que en los años de la primera y segunda presidencia de Perón 1946-1955, al igual que los períodos de gobierno de Néstor Kirchner y Cristina Fernández de Kirchner, se caracterizan por un crecimiento de la actividad industrial que más que duplica al crecimiento del sector agropecuario. A su vez, también se destaca la similitud que tiene este incremento fabril con el que presenta el producto interno bruto.

Gráfico 19

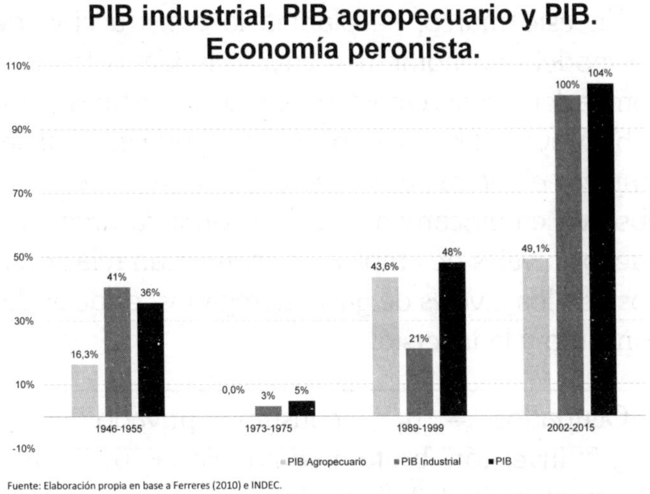

Fuente: Elaboración propia en base a Ferreres (2010) e INDEC.

Es también importante señalar que no ocurre lo mismo entre los años 1989 y 1999, en los cuales la actividad agropecuaria es la que más que duplica en crecimiento al sector industrial, con una tasa de crecimiento similar al producto interno bruto. Estas diferencias nos pueden dar cuenta de que el crecimiento de la economía que en los períodos 1946-1955 y 2002-2015 estuvo fundamentalmente asociado al incremento de la actividad manufacturera.

Ocupados

Como se ha escrito precedentemente, uno de los principales objetivos de la economía peronista es la generación de empleo. Ello se propone a partir de una concepción del Estado como actor clave y estratégico en el desarrollo de la actividad económica, mediante la asignación de recursos productivos.

En este marco, se plantea la construcción de un modelo econométrico cuyos cimientos teóricos comparten ciertas características con lo expuesto por John Maynard Keynes en su libro *Teoría general del empleo, el interés y el dinero*. De esta manera, se observa empíricamente en la economía argentina que los niveles de empleo se encuentran relacionados con los niveles de gasto agregados, es decir del consumo y la inversión.

$$\text{Ocupados} = \beta_1 * \text{consumo privado} + \beta_2 * \text{inversión bruta interna fija} + \beta_3 * \text{base monetaria} + \beta_4 * \text{términos de intercambio}$$

El modelo presentado expone que el nivel de empleo (ocupados), en Argentina y dada la serie histórica analizada de 75 años, está en función del consumo privado, la Inversión bruta interna fija, la base monetaria y los términos de intercambio. En el cuadro 4 y en función de la ecuación, se detallan los valores obtenidos de la regresión para cada una de las variables, a saber:

Cuadro 4

Variable	MCO
Consumo Privado (log)	0,178272*** (0,0439873)
IBIF (log)	0,0562394*** (0,0174355)
Base Monetaria (log)	0,0101284*** (0,00241370)
Términos de Intercambio (log)	−0,0402330** (0,0195188)
R-cuadrado	0,59477
Número de casos	75

Nota: Errores Estándar entre paréntesis.
* p < ,10 **, p < ,05 ***, p < ,01 (prueba de dos colas).

Como se observa, los cambios en la cantidad de ocupados se logra explicar en un 59,5% por medio del modelo propuesto. Las dos variables principales que influyen en estas variaciones, son el consumo privado y la inversión bruta interna fija, correspondiéndose de esta manera con lo expuesto en el libro de Keynes.

El consumo privado es la variable más representativa de las variaciones que tiene la cantidad de ocupados. Esta relación es positiva y el coeficiente es de 0,18, lo que se puede leer como que un cambio del 1% en esta variable se relaciona estimativamente con una modificación ascendente del 0,18% en el nivel de empleo.

En el gráfico que se presenta a continuación se puede observar lo descripto en los párrafos anteriores. Claramente se destacan dos hitos, la crisis económica y social más importante de la historia argentina y a partir de 2002 el cambio de pendiente en ambas variables, siendo la evolución del consumo la más pronunciada de la serie.

Gráfico 20

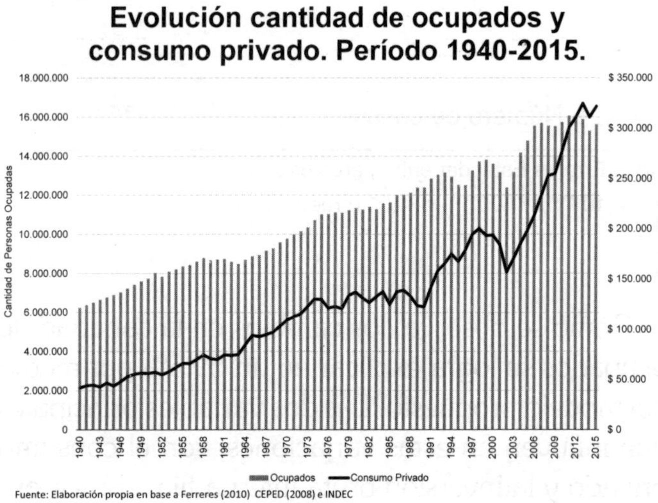

Fuente: Elaboración propia en base a Ferreres (2010) CEPED (2008) e INDEC

Además en el gráfico se advierte como el consumo privado y la cantidad de ocupados, aún con interrupciones en su crecimiento durante el transcurso de la primera mitad de los años analizados, cambian su tendencia creciente con el advenimiento de la última dictadura cívico militar. Desde aquellos años se observa un cambio de paradigma en el desarrollo de la economía argentina, que continúa hasta superados los primeros años del siglo XXI.

Otra variable clave que afecta positivamente la cantidad de ocupados es la inversión bruta interna fija, aunque con un efecto prácticamente tres veces menor que el consumo. La relación encontrada en toda la serie de datos nos permite estimar que ante un cambio del 1% en la inversión bruta interna fija, se incrementarían los niveles de empleo en un 0,057%. De esta forma, se destaca que el gasto agregado tiene una influencia significativa en la cantidad de ocupados de la economía argentina en los últimos 75 años.

Complementariamente a las descripciones estadísticas que se han realizado en párrafos precedentes, a continuación se analiza el comportamiento de la cantidad de ocupados y el consumo privado, dada la importancia de esta relación en los gobiernos peronistas.

Gráfico 21

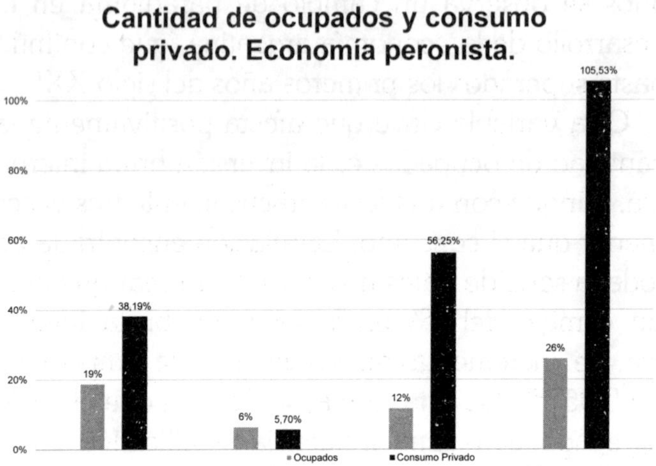

Fuente: Elaboración propia en base a Ferreres (2010) CEPED (2008) e INDEC

El gráfico 21 muestra como rasgo característico durante estas etapas un crecimiento de estas variables clave en la economía peronista. En este sentido, se destacan por su mayor crecimiento relativo los años de la primera y segunda presidencia de Perón y el período de entre 2002 y 2015, gobiernos de Eduardo Duhalde, Néstor Kirchner y Cristina Fernández de Kirchner.

La cantidad de ocupados durante 1946-1955 se incrementó un 18,75%, acumulando en todo esta etapa un 19,53%. Alcanzar este nivel de crecimiento acumulado nos llevó diecisiete años, en 1972 recién pudo alcanzarse el mismo nivel (19,63%).

En la etapa entre 2002 y 2015 se observan los mayores valores de toda la serie, la cantidad de ocupados aumentó 1,4 veces (26,08%), acumulando un 18,10%. Llegando de esta manera, en el período considerado, a niveles de pleno empleo en la economía argentina.

Por otra parte y continuando con el análisis econométrico de las variables que afectan los niveles de ocupación, se encuentra la base monetaria. Este agregado monetario presenta una relación positiva con la cantidad de ocupados, ante un cambio del 1% en la base monetaria se estima que podría implicar una variación del 0,01% en los niveles de empleo.

A fin de encontrar fundamentos en la teoría económica sobre estos efectos, brevemente comentaremos que en la bibliografía de esta ciencia social se encuentran posiciones opuestas. Phillips, economista mundialmente reconocido, entiende y argumenta que un incremento en la cantidad de dinero es compatible con mayores niveles de empleo, pero solo durante un breve período de tiempo. Así, señala que las variables monetarias no producen un efecto sobre las variables reales como lo son el nivel de producción y empleo en el largo plazo.

Por el contrario, Keynes expone que existe un espacio para la política fiscal y monetaria, especialmente cuando la economía se encuentra lejos de sus niveles de plena ocupación. Por ende, este economista sostiene que estas variables tienen efecto sobre la economía real (producción y empleo). A su vez y con su famosa frase que engloba una concepción más general, critica la posición de Phillips y a toda la economía neoclásica expresando que «a largo plazo, todos estamos muertos».

Por último, en el modelo estimado encontramos que los términos de intercambio influyen de manera negativa en la cantidad de ocupados. Sucintamente, los términos de intercambio resultan de la relación entre los precios de los productos que se comercializan al resto del mundo y de los precios de los productos que compramos o importamos de otros países. En otras palabras, miden la evolución del poder de compra de las exportaciones de un país.

En este marco, una posible explicación a la relación negativa que se presenta entre las variables observadas puede ser que la misma se deba a la alta volatilidad de los términos de intercambio. Entre estos argumentos y en función de la relación que tiene el crecimiento del producto interno bruto con la inversión y su correlación con la cantidad de ocupados, existen estudios empíricos como los de Ramey y Ramey (1995) que dan pruebas de esta correlación negativa basada a las irreversibilidades en la inversión, es decir que una vez que se invierte basado en buenas proyecciones es muy difícil deshacer las mismas si se modifica el escenario internacional. También existen quienes razonan que lo mismo se debe a que la volatidad está asociada a la incertidumbre, entre los que se encuentran Hnatkovska y Loayza (2005).

Salario industrial real

Uno de principios que defiende el justicialismo es el salario digno para cada trabajador. En función de ello y de lo analizado previamente, altos niveles de ocupación con salarios dignos son elementos clave en la dinamización de la economía de nuestro país. Cuando se presentan de manera conjunta tienen un fuerte efecto en redistributivo del ingreso, construyendo una nación más equitativa. Si a su vez esto se da junto en un proceso de crecimiento económico, entonces se generan las condiciones necesarias que inducen al desarrollo económico y social.

En estos términos, procederemos a estimar un modelo que relacione el salario industrial real con las variables económicas más significativas. Este tipo de remuneración a los trabajadores del sector manufacturero se denomina real porque se supone que es una medida del poder adquisitivo o poder de compra de la misma, es decir que en el salario percibido por el trabajador no se tiene en cuenta el efecto inflacionario.

Salario industrial real = β_0 + β_1 * consumo privado + β_2 * consumo público + β_3 * gobiernos peronistas (1946-1955 y 2002-2015)

Una vez probados diferentes modelos, encontramos en la ecuación variables significativas para analizar el comportamiento del salario industrial real. De este análisis surge que las variables que explican mejor su variación son el consumo privado y el público, es decir como las más representativas de sus alteraciones.

Cuadro 5

Variable	MCO
Constante	-0,0184693*** (0,00607797)
Consumo Privado (log)	1,10086*** (0,181827)
Consumo Público (log)	0,467055** (0,207138)
Gobiernos Peronistas (1946-1955 y 2002-2015) (log)	0,0176167* (0,00985122)
R-cuadrado	0,446858
Número de casos	75

Nota: Errores Estándar entre paréntesis.
* p < ,10 **, p < ,05 ***, p < ,01 (prueba de dos colas).

El consumo privado presenta una relación positiva, lo que significa que podríamos esperar que si aumenta este también se podría suponer que se incrementará el salario industrial real. Se destaca que su efecto sobre la remuneración se da en forma más que proporcional, esto es que si este varía un 1% se estima que este tipo de remuneración cambie en un 1,10%.

Por su parte, el consumo público tiene una influencia significativa en las variaciones de este salario, aunque en menor medida que lo hace el privado. Su relación también es positiva, y a su vez lo que el coeficiente nos dice de alguna manera es que ante un cambio del 1% en esta variable, el salario se estima crecerá un 0,47%.

Adicionalmente introducimos en el modelo una variable ficticia, la cual representa los años de gobiernos peronistas que más identificados a lo largo de la historia estuvieron con el crecimiento del consumo público. La variable ficticia captura la diferencia del efecto que tienen el consumo privado y público sobre el salario industrial real en los períodos 1946-1955 y 2002-2015.

El signo positivo de esta variable ficticia evidencia que los cambios, tanto en el consumo privado como en el consumo público, tuvieron una mayor incidencia sobre las variaciones del salario industrial en los años de la primera y segunda presidencia de Perón (1945-1955) y las presidencias de Eduardo Duhalde, Néstor Kirchner y Cristina Fernández de Kirchner (2002-2015).

Gráfico 22

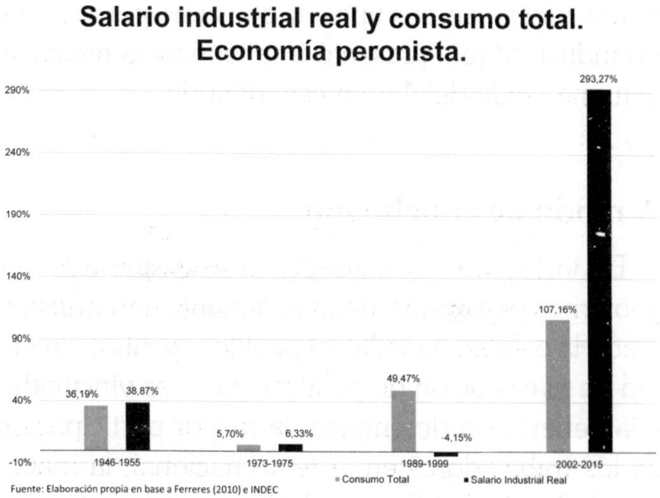

Fuente: Elaboración propia en base a Ferreres (2010) e INDEC

Como hemos señalado anteriormente, los gobiernos peronistas se caracterizaron por esquemas de crecimiento basados en la demanda agragada. En términos de las variables aquí consideradas, por un lado incentivando al consumo privado por medio del desarrollo y fortalecimiento del mercado interno, y por otro intervenciones directas en la economía vía incremento del consumo público.

El crecimiento en el consumo, tanto privado como público, contribuye al fortalecimiento del salario industrial real en todas las etapas analizadas, en otros términos estos gobiernos implementaron un proceso de redistribución del ingreso en la economía argentina. Esto se puede observar no solo en el signo y los valores que los coeficientes de estas variables adquieren en el modelo estimado, sino también en el gráfico presentado previamente. Todo ello a excepción de lo ocurrido entre los años 1989 y 1999, donde crecen ambos tipos de consumo pero el salario industrial real presentó una tendencia negativa, con una caída del 4% en este período.

A modo de conclusión

En virtud de lo analizado en este apartado, los gobiernos peronistas inexorablemente han transformado la calidad de vida del pueblo argentino en virtud de la ejecución de políticas públicas vinculadas a la generación de empleo, la mayor participación de los trabajadores en la renta nacional, la mayor equidad en la distribución del ingreso y la reducción de la pobreza y de la indigencia.

Para una serie larga de tiempo en el período 1940-2015 es imposible ponderar la medición de pobreza o indigencia cuyos primeros indicadores abarcan desde la década del 70.

La serie más certera y razonable parte desde 1993 y se extiende hasta la fecha con discontinuidad metodológica que obliga a recurrir a organismos internacionales para completar el análisis de la información.

En efecto, durante la primera y segunda presidencia se destaca la distribución equitativa entre capital y trabajo, cuestión que se reproduce entre 1973-1974 en situación próxima de pleno empleo.

Los trabajadores ejercían el derecho constitucional del trabajo con un salario digno en situación de pleno empleo lo cual mejoraba la distribución de la renta y reducía abruptamente los indicadores sociales adversos de pobreza e indigencia.

En el período 1989-1999 el desempleo aumentó, el salario real se redujo y los indicadores sociales fueron adversos con 28% de pobreza, 18% de desempleo y 14% de indigencia.

Gráfico 23

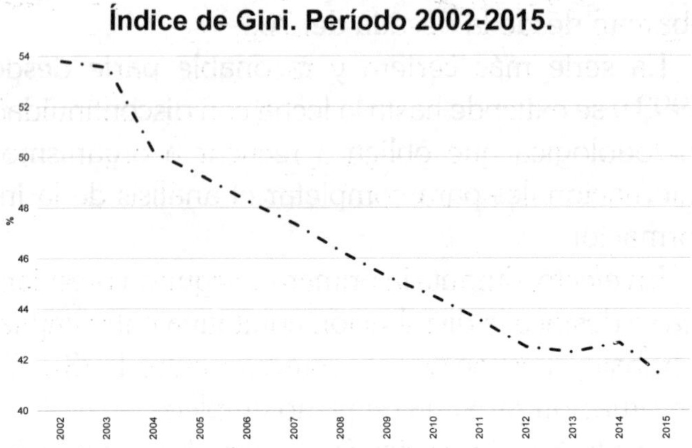

Fuente: Elaboración propia en base a Banco Mundial y Universidad Católica Argentina (2016).

En este sentido, en el período 2002-2015 después de los peores indicadores en materia de coeficiente de GINI (0,54) este se redujo a 0,412, la pobreza de 54% a 17% y la indigencia de 27% a 4%, del mismo modo que la clase media se duplicó y el desempleo se redujo abruptamente de 25% a 5,9%.

Restricción externa al crecimiento económico de Argentina

En función de lo demostrado en los párrafos precedentes, la economía peronista entre los años 1946-1955 y 2002-2015 se caracteriza por la promoción del sector industrial como cimientos para el desarrollo de la economía con inclusión social y laboral. A su vez, este círculo se retroalimenta a partir de una continua mejora de los salarios como base para el construir una Nación más justa y equitativa, fortaleciendo de esta manera el mercado interno.

En este marco, el desarrollo económico y social en la primera y segunda presidencia de Perón encuentra sus límites principalmente en materia de abastecimiento energético. Como consecuencia de ello, las reservas internacionales del país son demandadas en gran parte para financiar los desequilibrios de la balanza comercial.

Gráfico 24

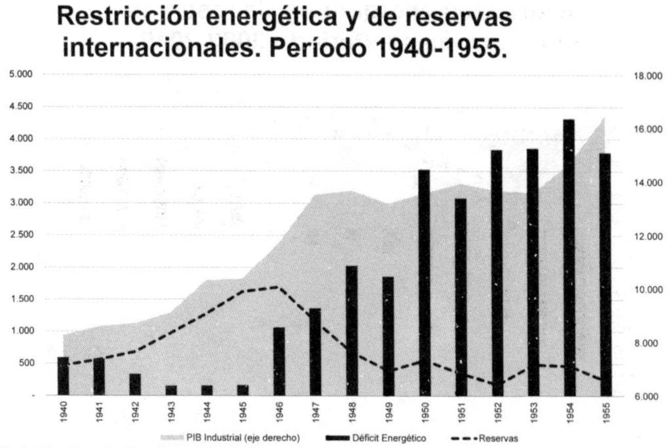

Fuente: Elaboración propia en base a Ferreres (2010) e INDEC.

En este período el crecimiento del producto interno bruto industrial registró un 40,5%, acompañado de un incremento en el déficit energético, el cual alcanzó un 257,3%, definido este como la diferencia entre el consumo de petróleo y gas y la producción de estos hidrocarburos. Este fenómeno se presenta simultáneamente con una caída pronunciada de las reservas internacionales en un 86,0%, y la acumulación de déficit en la balanza comercial.

Características similares se observan en la última etapa de los gobiernos de Eduardo Duhalde, Néstor Kirchner y Cristina Fernández de Kirchner. La producción industrial creció un 100,4% en estos años.

Gráfico 25

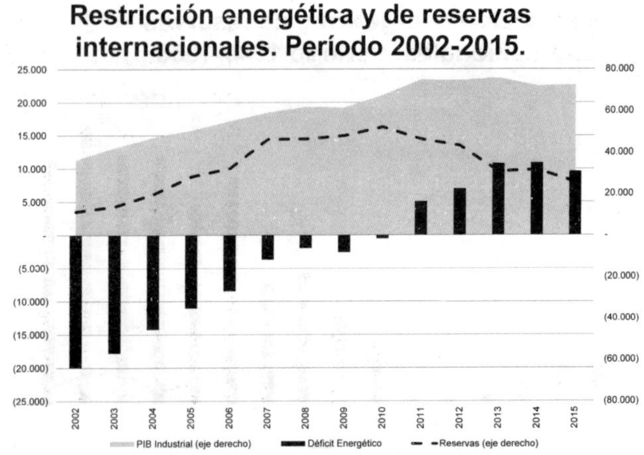

Fuente: Elaboración propia en base a Ferreres (2010) e INDEC.

A medida que aumentaba el producto interno bruto industrial, los excendentes en materia energética iban disminuyendo. En términos gráficos, hasta el año 2010 la balanza de energía entre el consumo y la producción presentaba signos negativos, esto significa que el consumo de petróleo y gas era inferior a la producción de los mismos.

A partir del año 2011, la restricción energética empieza a operar fuertemente dado que el consumo de energía, principalmente fundado en el consumo industrial y doméstico, superó ampliamente los niveles de producción en nuestro país. Como se puede observar en el gráfico 25, el déficit energético empieza a ser positivo y crece año tras año. Paralelamente, se registra una caída de las reservas internacionales del 44,9%, necesarias para cubrir el déficit comercial que comenzó a acumularse desde el año 2011.

Estas restricciones externas en ambas etapas de gobiernos peronistas se presentaron en el marco de profundas restructuraciones de la deuda pública total. En este sentido y respetando las tres banderas del peronismo de soberanía política, independencia económica y justicia social, el Estado en aquellos períodos lideró desde las políticas públicas un proceso de transformación estructural, reduciendo sensiblemente el endeudamiento externo.

En estos términos, la deuda medida en porcentaje del producto interno bruto durante las primeras dos presidencias de Perón se contrajo un -0,41%. A su vez, esta variable alcanzó su máximo histórico en la crisis económica y social más importante de nuestro país. Desde este hito, la relación deuda total sobre producto interno bruto (en porcentajes) disminuyó más de tres veces su valor (3,1) durante las tres últimas presidencias peronistas (2002-2015).

Finalmente, dado este escenario y para evitar crisis más profundas que impliquen un retroceso en los derechos sociales y económicos conquistados, los gobiernos apelan a medidas de política monetaria. En este sentido, principalmente utilizan herramientas que les permita variar el tipo de cambio nominal, con el objetivo de restablecer el equilibrio en la balanza comercial.

Inflación y pase a precios (Pass Through)

Adicionalmente y en el marco de lo desarrollado como restricción externa, se estimó un modelo que explica el 79% de la variación de los precios domésticos en la economía argentina, en la serie analizada de los últimos 75 años. Es así como verificamos que la principal variable que afecta a estos precios internos es la modificación del tipo de cambio nominal. De esta manera, existe una relación positiva entre el tipo de cambio nominal y estos precios, ante una variación del 1% en el tipo de cambio nominal se estima que en promedio se traslada un de 0,72% a los precios.

Esta traspaso se denomina *Pass Through*, o pase a precios, y refleja la parte del incremento del tipo de cambio que pasa a aumentar los precios en la economía nacional. El modelo estimado calcula un *Pass Through* de 0,72. Esto equivale a decir que, en promedio en los últimos 75 años, ante un incremento de un peso en el tipo de cambio nominal se genera un aumento de 0,72 pesos en el nivel de precios.

Por último, durante los dos gobiernos de peronistas se produjo un incremento del tipo de cambio nominal que alcanzó un 646% con Perón, y en 2002-2015 la variación de esta variable monetaria fue de un 208%. Como hemos comentado previamente, sumados a otras políticas restrictivas de comercio exterior, estas medidas se tomaron necesariamente para contribuir a la disminución del déficit en la balanza comercial.

TERCERA PARTE

Los entornos políticos de las decisiones adoptadas por los gobiernos peronistas

Primer y segundo gobiernos peronistas (1946-1955)

Etapa inicial 1946-1955. Este período implicó un liderazgo de Perón para tomar decisiones que inclusive llegaron a la reforma constitucional de 1949 con la plena vigencia de derechos sociales (mujer, niños, ancianidad), laborales, civiles y políticos que permitieron un rol activo y dinámico del Estado promoviendo la ejecución de los planes quinquenales. Esta etapa marcó la impronta de las nacionalizaciones de ferrocarriles, marina mercante, telefonía, puertos, etc., el desarrollo de inversiones hidrocarburíferas mediante la potenciación de YPF, la declaración de la independencia económica el 9 de julio de 1947 pero también escenarios difíciles desde la perspectiva internacional por la exclusión del Plan Marshall y el impacto en el precio de nuestros productos de exportación, la reducción de inversiones externas, la acción de las potencias internacionales en contra de Argentina por neutralidad de la guerra, la inconvertibilidad de la libra esterlina el 20 de agosto de 1947 y la extensa sequía que afectó la producción agrícola.

La lucha política contra grupos oligárquicos y las empresas trasnacionales no fue fácil. La agresión sistemática provocó crisis del sector externo, caída del producto interno bruto, y dificultades para el abastecimiento de carne (veda), pan (mezcla con mijo). El cambio de equipo económico con desdoblamiento de tres carteras con actores diferentes (Remorino, Gómez Morales, Cafiero) apuntó a restablecer el equilibrio macroeconómico impulsando Perón variantes ortodoxas en la convocatoria del Congreso de la Productividad (marzo de 1955) y la captación de inversiones extranjeras directas a través de contratos petroleros con empresas norteamericanas (Standard Oil de California).

El modelo macroeconómico tuvo resultados positivos en la distribución funcional del ingreso (equidad entre trabajadores y empresarios), pero mantuvo un persistente déficit fiscal, desequilibrios transitorios en la balanza comercial y disminución en el volumen de reservas internacionales con déficit energético por mayor demanda derivado de concentración urbana y mejoramiento en las condiciones de vida. La estrategia de sustitución de importaciones no fue acelerada al ritmo exigido y provocó estrangulamiento del sector externo.

El modelo típicamente peronista en materia económica genera ciertos desequilibrios macroeconómicos de corto plazo cuyo efecto inmediato consiste en estrangulamiento del sector externo. Obviamente, las razones están asociadas a las variaciones del cambio de un modelo agroexportador típico a un modelo de mayor industrialización relativa lo cual demanda bienes de capitales con intensidad creciente y mayor cantidad de divisas que el sector agropecuario no puede generar a la velocidad requerida, amén de la potenciación del consumo en virtud de mayor empleo y mejores salarios con un indispensable rol del Estado en la inversión pública con el objeto de satisfacer la demanda de bienes colectivos.

La historia económica argentina observa la crisis de gobiernos de base populistas por estrangulamiento del sector externo en virtud del aumento de la demanda de energía, bienes de capital intensivos, electrodomésticos, vehículos livianos y pesados y salida de capitales por múltiples conceptos de forma encubierta cuando se estipula controles rígidos (control de capitales).

La síntesis de esta etapa consiste en verificar recuperación del salario real, aumento del empleo, sostenimiento de la inversión bruta interna mediante de obras de infraestructura del sector público, reinversión de utilidades del sector empresario pero con reducción de la inversión extranjera directa y el endeudamiento externo. La fase expansiva del ciclo depende principalmente de términos de intercambio favorable, cuando las condiciones objetivas del mismo se reducen por la reducción del precio de bienes exportables y el encarecimiento de los bienes importados se produce un estrangulamiento del sector externo que constituye una restricción determinante en la etapa ulterior hasta restaurar el equilibrio.

En general, los gobiernos neoliberales antiperonistas siempre aplicaron frente a estos desequilibrios la interrupción del ciclo político mediante el uso de la fuerza militar (golpes de Estado en 1955 y 1976) o mediante una oposición feroz basada en el fraude mediático (2015) instaurando la estrategia de endeudamiento externo como factor de corrección junto a reducción del empleo, apertura de la economía y destrucción del salario real y del ingreso disponible (ajuste tarifario, reducción de asignaciones en materia de seguridad social).

Esto implica reconocer que la restricción externa es el condicionante clave de la historia económica argentina sea mediante el racionamiento de controles cambiarios o sea mediante la crisis de deuda originando el default de la misma.

Las decisiones del modelo económico no fueron estrictamente económicas: Durante el primer gobierno de Perón se promovió la gratuidad de la enseñanza universitaria, la creación de universidades obreras y el desarrollo de las escuelas técnicas con el objeto de capacitar a los trabajadores para el desarrollo de una nueva matriz productiva de base industrial. Todas las decisiones de carácter laboral que incluyen desde el salario mínimo vital y móvil, las convenciones colectivas de trabajo, las vacaciones pagas, el aguinaldo, el fuero laboral, el estatuto del peón rural, la ley de despido (preaviso e indemnizaciones), el fortalecimiento de los sindicatos en defensa del trabajador, las delegaciones laborales, la creación del sistema previsional, las obras sociales sindicales, el pleno empleo, la participación del salario en la distribución funcional del ingreso, la creación de la salud pública, el voto femenino como herramienta de justicia social para la mujer, la construcción de hospitales, escuelas, hogares, el fomento al deporte han sido factores excluyentes para nuestro progreso social.

La nacionalización de sectores estratégicos permitió recuperar el ejercicio soberano de nuestros intereses nacionales pero al mismo tiempo la inversión extranjera directa en áreas claves del desarrollo económico como el petróleo fue parte de las acciones necesarias para el crecimiento del país.

En los dos primeros gobiernos peronistas se adoptaron decisiones estratégicas de nacionalización de la banca, del comercio exterior, de los servicios estratégicos del estado.

El problema finalmente es de naturaleza política pues la historia en nuestra patria grande latinoamericana demuestra que las elites dominantes tienen dos tendencias contrapuestas: a) o son defensoras de los intereses nacionales para el desarrollo estratégico del país con pleno empleo y equidad en la distribución del ingreso asociados estratégicamente a los intereses populares, b) o son dependientes y liberales y por tanto, asociados con las élites de los países ricos.

El debate histórico ha sido perfectamente refutado por Antonio Cafiero en su histórico libro *De la economía social justicialista a la economía capitalista liberal: cinco años después,* en donde menciona el análisis de las siguientes variables: a) ingreso por habitante refutando a Prébisch que decía 3,5% en todo el período contra 1,23% anual acumulativo, b) salario real de 113,6 en 1955 contra 104,9 (valor constante de 1952), c) tasa de natalidad (reducción de 24,1% a 22,5% entre 1955/1960), d) tasa de nupcialidad (7,4 a 6,8%), e) distribución de la renta (1954 con 60,7% en remuneraciones al trabajo), e) disminución de carne (de 92,3 a 68,2), leche, huevos, pollos, etc., f) disminución de ventas de entradas a espectáculos (fútbol, boxeo, teatros).

La deuda externa pasó incluyendo pagos comprometidos de importaciones de 544,9 millones de dólares a 2000 millones de dólares en 1960. Las reservas de oro bajaron de 371,5 millones de dólares a tan solo 84,2 millones de dólares.

La balanza comercial en 1953 fue favorable en trescientos treinta millones de dólares, en 1954 fue favorable en 47,6 millones de dólares y en 1955 deficitario en doscientos 44 millones de dólares con una fuerte incidencia en el último trimestre de importaciones que afectaron el resultado final en virtud del golpe militar de septiembre de 1955. El período 1956-1960 arrojó un saldo cercano a 800 millones de dólares de déficit con alto endeudamiento externo.

La industria en el mismo período experimenta estancamiento y caída de producción física, horas trabajadas y obreros ocupados.

El stock ganadero disminuyó de 47 millones de cabezas de ganado bovino a cuarenta millones de cabezas incluyendo la terrible sequía de dos años consecutivos (1950-52). La cosecha fina (cereales y lino) que llegó a 10,9 millones de toneladas en 1954/55, disminuyó a 6,7 millones de toneladas en 1960/1961. Estas cifras desmienten los ataques de la Sociedad Rural y de la oposición política al peronismo.

Es increíble pero los economistas ortodoxos en aquellos años mantenían los mismos argumentos que ahora, esto es, que la característica predominante de la economía argentina hasta 1955 fue el exceso de consumo y la escasez de inversiones lo cual produjo descapitalización nacional. La receta fue la misma: disminuir el consumo popular y aumentar el flujo de capital extranjero. En el período 1952-1955 –influido por fuerte sequía, caída de precios de exportación y cambio del contexto internacional- la Inversión Bruta alcanzó 21,36% contra 21,81% del período 1956-1959 a pesar de la reducción del consumo popular, a pesar de la deuda externa de 2000 millones de dólares y a pesar de toda la alharaca alrededor de las inversiones extranjeras.

La inflación creció desde 1943 a 1955 seis veces en doce años (de cien a 689,7 puntos), pero desde 1952 hasta 1955 solo creció 22%, a eso se llamó «inflación incontenible» describe Antonio Cafiero en su libro. Durante el período 1955-1960 medido septiembre contra septiembre el índice aumentó cuatro veces en cinco años, o sea un ritmo superior a diez veces respecto al período 1952-1955.

Respecto a la emisión monetaria, en los 25 años de existencia del Banco Central de la República Argentina (1935-1960), el 65% fue emitido entre 1958-1960.

El gasto público en el período 1952-1955 aumentó 21,76% mientras aumentaron 412% en cinco años. Esta es la comparación entre «despilfarro» y «austeridad».

La recaudación tributaria permite observar que los impuestos indirectos explicaron el 51,8% de los recursos totales en la administración peronista mientras que en los años posteriores alcanzó a 74,3% contra el 35% de financiamiento con estos impuestos por parte de Estados Unidos.

Las obras de infraestructura indispensables para el desarrollo nacional que se habían iniciado en la gestión peronista fueron suspendidas, anuladas o ejecutadas parcialmente a un ritmo extremadamente lento. Solo algunas obras finalizaron como la usina de San Nicolás, inauguración de plantas de silos de trigo subterráneos, «calentamiento de hornos» de la Planta General Savio mientras que yacimientos ferríferos de Sierras Grandes continuaba en proyecto, la explotación de carbón mineral en Río Turbio fue abandonada y la situación eléctrica era desoladora con prolongados cortes de energía.

Independientemente de los comentarios esgrimidos precedentemente, lo cierto es que una frase desafortunada de Perón «los pasillos del Banco Central de la República Argentina se hallaban abarrotados de oro» indujeron a los opositores a criticar sistemáticamente la política económica implementada en el período pues consideraban que se perdió una oportunidad histórica por el despilfarro en el uso de los recursos (en general para los opositores un salario digno es sinónimo de despilfarro).

Objetivamente, en el período 1939-1945 se habían acumulado divisas por aumento de exportaciones y disminución de importaciones equivalentes a 1 600 millones de dólares que no estaban en el Banco Central de la República Argentina sino en bancos de Estados Unidos y Gran Bretaña.

Perón recibió un país con un déficit alarmante de energía, de equipamiento industrial, de equipamiento para transporte, de insumos estratégicos y bienes intermedios para el proceso productivo que se debía ejecutar para transformar la matriz productiva. Pero además, el escenario internacional indicaba una inminente tercera guerra industrial lo cual implicaba acelerar la importación de maquinarias y herramientas a mayor velocidad y al mismo tiempo, la recuperación de las divisas acumuladas en los bancos ingleses y norteamericanos sujetas a posibles devaluaciones o inconvertibilidad como luego ocurrió con la libra esterlina.

Como afirma Norberto Galasso en el tomo I de *Perón,* «el reaprovisionamiento de equipos por importaciones insuficientes de años anteriores, la cancelación de la deuda externa y el recupero de inversiones fueron cuestiones fundamentales a resolver en la posguerra».

El gran poder de las potencias internacionales estableció fuertes condicionamientos en las negociaciones pues en ese período se destinaron 520 millones de dólares a importaciones de Estados Unidos y pago de deuda externa por 264 millones de dólares (total 850 millones de dólares).

Del mismo modo que hoy se repite por parte de sectores recalcitrantes la famosa frase «se robaron todo», en 1965, como afirma Galasso, la «Comisión

Popular de Afirmación de la Revolución Libertadora» le imputaba a Perón haberse robado esos 1700 millones de dólares del Banco Central de la República Argentina.

En ese momento de la historia argentina, el gobierno no manejaba nada: el Banco Central de la República Argentina con mayoría de directores extranjeros, el transporte terrestre en manos de consorcios ingleses, la marina mercante a consorcios ingleses y estadounidenses, los bancos privados acaparaban el ahorro de los argentinos, las empresas eléctricas eran principalmente norteamericanas, los principales artículos de consumo eran importadas por grandes cadenas extranjeras.

Parte de las medidas claves del primer gobierno peronista fueron el control de divisas, la prohibición de girar divisas al exterior, tipos de cambios múltiples y financiamiento barato a través del Banco Industrial que no podrían haberse aplicado si el país adhería al Fondo Monetario Internacional, como así también no se adhirió al Acuerdo General sobre Aranceles Aduaneros y Comercio), a la Organización de las Naciones Unidas para la Educación, la Ciencia y la Cultura, y a la Organización de las Naciones Unidas para la Alimentación y la Agricultura.

La creciente urbanización y el desarrollo industrial junto al voto femenino promueven una nueva perspectiva para la mujer argentina respecto a la equidad de género y a nuevas oportunidades laborales como trabajadoras y profesionales mediante el acceso a la universidad gratuita.

En este período la sociedad argentina se moderniza con la incorporación de la heladera eléctrica, la cocina a gas, el lavarropas, la licuadora, aspiradoras, lustradoras, tocadiscos, y otros bienes complementarios.

El aumento del consumo popular se observa en bares y restaurantes que consolida el empleo de muchos trabajadores con el «laudo gastronómico».

Los hoteles sindicales, el turismo social, el acceso del pueblo al Teatro Colón, el impulso a los deportes populares, los campeonatos infantiles transformaron la fisonomía social de esta nueva Argentina que se estaba construyendo.

El rol preponderante del Estado en el gobierno peronista implicó una negociación para la nacionalización de los ferrocarriles ingleses por un valor de 150 millones de libras esterlinas que se pagaron con 40 millones retenidos por la inconvertibilidad y el resto en dos años de exportaciones. Los ferrocarriles en manos de los ingleses como afirmaba Scalabrini Ortiz era un gran despojo porque implicaba una cesión de una amplia franja de terrenos al costado de la vía y la rentabilidad asegurada del 7% sobre los capitales invertidos.

El modelo ferroviario inglés fue un trazado perfecto para satisfacer la provisión de materias primas baratas (granos y cereales de la pampa húmeda), impedir el desarrollo de industrias en el interior que compitan con productos importados y ratificar el principio de la «división internacional del trabajo».

En la época se decía que se pagó un precio elevado porque caducaban las concesiones cuando las mismas eran a perpetuidad, lo que caducaban con la Ley Mitre eran las exenciones impositivas para importar equipamiento ferroviario.

También se estatizaron tres empresas ferroviarias de origen francés con epicentro en el Puerto de Rosario y el transporte automotor de pasajeros y carga, de larga distancia (ejemplo: Villalonga-Furlong –británica– pertenecientes al consorcio ferroviario británico) como así también la corporación de transportes (terrestre) y la empresa inglesa de tranvías.

La adquisición por parte del Estado de la empresa de telecomunicaciones Unión Telegráfica por parte del Estado a ITT da origen a Empresa Mixta Telefónica Argentina que se transformaría luego en la Empresa Nacional de Telecomunicaciones con expansión sistemática de teléfonos que alcanzó a más de un millón de familias.

El servicio de gas estaba a cargo de la Compañía Primitiva de Gas de capitales británicos en un contexto de venteo de gas por falta de inversiones. Esta compañía fue expropiada en 1944 y en 1945 nace Gas del Estado con un aumento de 200 000 a 1 000 000 de usuarios hacia el año 1955 como consecuencia del gasoducto Comodoro Rivadavia-Plaza Huincul-Buenos Aires con una inversión de 50 millones de dólares para abastecer la demanda de cocinas a gas, calefones a gas y estufas a gas que reemplazan el uso de electricidad, carbón y querosene respectivamente.

En 1947 comenzó la explotación del yacimiento de carbón de Río Turbio pues los ferrocarriles ingleses funcionaban a carbón importado de su propio origen.

La energía eléctrica cobra impulso con la creación de Agua y Energía Eléctrica con el desarrollo de centrales hidroeléctricas en todo el país y la construcción de los diques Escaba en Tucumán, Nihuil en Mendoza, dique Los Quirogas en Santiago del Estero y en otras provincias.

En materia de petróleo se fortaleció el rol de YPF con la compra de una gran flota de buques tanques, la construcción de la moderna destilería de La Plata y el mejor aprovechamiento de fuentes naturales de energía.

La flota mercante crece un 285% en el período alcanzando el 11° lugar como flota en el mundo en el año 1948 con la cobertura del 24% del comercio exterior en 1953 incorporando una modernización de las unidades pues el 67% de los barcos no pasaban diez años de construcción. La creación del Astillero Río Santiago en 1952 marcó una tendencia en la materia con la fabricación de los barcos y la estrategia de negociación «Libre a bordo» para importaciones y «Costo, seguro y flete (CIF, por sus siglas en inglés)» para exportaciones a los efectos de alentar el transporte de barcos de bandera argentina con el impacto en el ahorro de divisas.

El tráfico aéreo se distribuyó con varias empresas como Fama, Zonda; Alfa y conjuntamente con la parte constitutiva de Aeroposta se forma Aerolíneas Argentinas en el año 1950 como empresa estatal mientras se construía Ezeiza en 7000 hectáreas y otros aeropuertos en el país. También la industria aeronáutica adquiere relevancia a través de la Fábrica Militar de Aviones en Córdoba que produjo aviones a reacción como el Pulqui I, II y III con 5000 obreros ocupados.

Los puertos se nacionalizan incluyendo San Nicolás, Zárate, Ingeniero White, Galván y otros tantos para potenciar la independencia económica al mismo tiempo que se estatizan de quince elevadores con capacidad de 100 000 toneladas, y se construyen 41 elevadores de granos en puertos de ultramar.

La creación de la Dirección Nacional de Industrias del Estado se constituye con 49 empresas metalúrgicas, eléctricas, constructoras, textiles, farmacéuticas que en 1955 arrojan una utilidad de ciento 57 millones de pesos.

Pero esta modernización también implicó la creación de la Comisión Nacional de Energía Atómica y el uso pionero de la televisión.

Como afirma Galasso, la fabricación de heladeras eléctricas creció 400% en el período 1946-1955, los receptores de radio 163,6%, y el turismo a Mar del Plata creció 268,4%.

El tercer gobierno peronista

Período 1973-1976. Esta etapa tiene dos períodos diferentes. La primera etapa del acuerdo social promovido por Gelbard con inflación cero y recuperación del poder adquisitivo del salario y del empleo y la segunda con Celestino Rodrigo con ajuste de precios relativos y crisis del sector externo. De nuevo, la economía en el período enfrenta un escenario con déficit del sector público y déficit del sector externo con etapa inicial expansiva de la economía y ajuste ortodoxo luego atenuado por presiones sindicales con inflación alta. De nuevo se repite un modelo de caída de reservas, restricción externa, alta inflación, déficit comercial y déficit fiscal. La combinación de inestabilidad política y de volatilidad externa producto de la crisis internacional del petróleo agravó las restricciones originales.

De nuevo, la fase inicial expansiva del ciclo estuvo asociado a términos de intercambio favorable que con su ulterior reversión original generando consecuencias en materia de desequilibrios macroeconómicos.

Este período de la historia económica permite observar inestabilidad política de corto plazo y fuertes cambios en el escenario internacional en virtud del aumento del precio del petróleo, de la tasa de interés internacional y del precio de las materias primas.

Después de diecisiete años de exilio, el líder popular más trascendente de la historia argentina Juan Perón regresa a su patria e inicia un proceso de construcción de un frente político y social que predica y pregona la unidad nacional «para un argentino no hay nada mejor que otro argentino».

El proceso político fue ciertamente complejo porque la autoridad y la conducción política la tenía el mismo Perón. «Cámpora al gobierno, Perón al poder» era la consigna.

Héctor J. Cámpora asume la presidencia de la nación el 25 de mayo después de obtener casi el 50% de los votos en las elecciones del 11 de marzo de 1973. En junio se produce el definitivo regreso de Perón, el 23 de septiembre se realizan nuevas elecciones y el 12 de octubre de 1973 el líder político asume por tercera vez la presidencia de la nación. El 1° de Mayo en la apertura de las sesiones ordinarias presenta el «modelo argentino para el proyecto nacional», obra cumbre que expresa una doctrina nacional para el desarrollo y el progreso del país. Falleció poco tiempo después, el 1° de julio de 1974 generando de esta manera una profunda consternación popular y el inicio de una compleja etapa política e institucional en la República.

Durante este período el peronismo inicio un proceso clásico de concertación social con un pacto entre trabajadores representados por la CGT liderada por José Ignacio Rucci y la Contaduría General del Ejército liderada por que asumió como Ministro de Economía y fue reemplazado por Julio Broner en la conducción de la entidad empresaria.

Este modelo político-económico se sustentó en una alianza conformada con sectores de la pequeña y mediana burguesía local y los trabajadores con la participación directa de su principal arquitecto como Ministro de Economía: José Ber Gelbard. El «Plan Trienal para la Reconstrucción y la Liberación Nacional» fue el instrumento para su ejecución y las más de 300 empresas estatales constituyeron la base de la ingeniería institucional del proyecto económico y social.

El pacto social resumió objetivos de política económica como la inflación cero, la recuperación del poder adquisitivo del salario, la inversión pública y la inversión privada nacional y extranjera.

Los objetivos del pacto fueron: a) alcanzar en el período 1973-1978 la participación de los asalariados en un 40/50% del ingreso nacional incrementando el salario real de los trabajadores, b) mitigar la inflación, c) consolidar el crecimiento económico.

Para lograr estos objetivos se congelaron los precios, se incrementaron inicialmente los salarios (doscientos pesos mensuales) para que cesen los conflictos laborales, y suspensión de las negociaciones colectivas por dos años.

En la fase inicial (de junio de 1973 a julio de 1974) la inflación menguó de 62% a 17% anual con la meta de inflación cero. Los salarios se recuperaron 13,33%, se fortaleció el superávit de balanza comercial por la cosecha récord y los precios altos de las exportaciones tradicionales. Paralelamente, la expansión del gasto público dinamizó la demanda agregada mediante subsidios e inversión pública.

La nacionalización de los depósitos bancarios mediante la transferencia de los mismos al Banco Central de la República Argentina permitió la orientación de créditos a pequeñas y medianas empresas para motorizar la expansión productiva y del empleo, del mismo modo que la dinamización de créditos con la misma finalidad por parte del Banco Nacional de Desarrollo.

Carlos Leyba hace una descripción, en su libro *Economía y política en el tercer gobierno de Perón,* del pacto social y de los lineamientos del plan trienal.

El crecimiento del producto interno bruto fue equivalente a 5,2%, el ingreso nacional creció hasta alcanzar el 50% y la pobreza se ubicaba en torno del 4,5 a 6% de la población.

Muchas iniciativas legislativas fueron impulsadas como la ley de promoción industrial para favorecer desarrollo productivo con la localización de industrias en virtud de la integración del campo y la ciudad, de agro y de la industria, del interior con las zonas de mayor población relativa. La ley de inversiones extranjeras asignaba «a las empresas multinacionales un papel preponderante en la conquista y apertura de mercados para nuestras exportaciones no tradicionales» como manifiesta Carlos Leyba.

El período marcado por la inestabilidad política después de la muerte de Perón originó el cambio sucesivo de Ministros e inclusive un interinato de Luder en el ejercicio del Poder Ejecutivo como Presidente Provisorio del Senado.

El aumento del precio del petróleo a partir de octubre de 1973 incrementaron las demandas de divisas que pasaron del 3,1% al 15% del total de las importaciones (según Diego Rubinzal).

Después de Gelbard se sucedieron Gómez Morales, Bonani, Celestino Rodrigo, Cafiero y finalmente Mondelli.

Gómez Morales ejecutó una política monetaria contractiva y un ajuste fiscal con reajuste de precios relativos, control de importaciones y devaluación a partir de marzo de 1975. El 2 de junio del mismo año con la asunción de Celestino Rodrigo como Ministro de Economía se aplicó un shock directo con el recetario clásico ortodoxo (límites al salario del 38%, ajuste tarifario de 40-75%, combustibles 170%, devaluación brusca con efecto concreto del 100% en la tasa de inflación (Diego Rubinzal).

De nuevo, inflación, crisis del sector externo, acuerdo con el FMI, operación de *swaps*, pérdida de reservas, problemas de abastecimiento energético fueron característicos de esta etapa política en el marco de la recuperación de la iniciativa de industrialización del país.

Antonio Cafiero en su libro *Militancia sin tiempo* sintetiza las medidas adoptadas por Celestino Rodrigo: a) devaluación de la moneda de más del 100% para frenar importaciones y aumentar exportaciones, b) aumento de servicios públicos (combustibles, transportes, gas y electricidad se incrementaron entre 40 y 75% para reducir el déficit fiscal, c) liberación de controles de precios que provocó una estampida, límites a las paritarias y disminución del salario real, d) aumento de la tasas de interés. Este combo de medidas provocó recesión, quiebre de pequeñas y medianas empresas, deterioro del salario real y aumento de la desocupación. En definitiva, un ajuste ortodoxo en donde el aumento del tipo de cambio fue mayor que las tarifas, estas superiores al precio de los bienes y por tanto, mayor a los salarios.

Para Cafiero a partir del tercer trimestre de 1975 el país comenzó a incrementar sus reservas internacionales brutas mediante el ingreso de préstamos de corto plazo sin ingresos del Fondo Monetario Internacional y con un cambio de giro de la balanza comercial.

Cuando Antonio Cafiero asume la conducción del Ministerio de Economía entre agosto de 1975 y enero de 1976 la inflación bajó de 16,2% en seis meses previos a 12,3% comparando el período equivalente del proceso Grinspun-Sourrouille de 17,5% a 21,2% respectivamente.

Las expectativas de Cafiero como ministro eran reducir la inflación proyectada para 1975 en 250%, controlar el déficit fiscal, superar la crisis del sector externo y aumentar el salario real en forma paralela a la reducción de la desocupación. Desde una «tregua social» por 180 días para evitar despidos, pasando por precios máximos para bienes de canasta básica, líneas de créditos para empresas y alza general de salarios, estas fueron combinaciones de políticas y acciones impulsadas. El enfoque gradualista para recomponer la situación del sector externo consistió en minidevaluaciones e indexaciones de reembolsos a exportaciones que equivalían a devaluaciones encubiertas como manifiesta Rapoport en *El Rodrigazo.*

El menemismo

Durante la etapa del Presidente Menem la política económica fue claramente neoliberal en el marco del Consenso de Washington. La reducción del sector público, la privatización de empresas públicas, el endeudamiento masivo, la desindustrialización producto de la apertura irrestricta de la economía y su excesiva extranjerización provocó igualmente una crisis del sector externo por estrangulamiento de divisas que propició un ajuste en la tasa de desempleo, exclusión social y pobreza. No obstante, es preciso advertir que la hiperinflación, las escuálidas reservas del Banco Central de la República Argentina y la destrucción del Estado como garante del estímulo a la inversión y el crecimiento de la economía generaron múltiples restricciones de corto plazo al inicio de su gestión. Sin acceso a los mercados internacionales de deuda, con notoria incapacidad de financiamiento en el mercado doméstico, con un sistema financiero con serios problemas de financiamiento y con un marcado envilecimiento monetario en un contexto de déficit fiscal no financiable provocaron restricciones en el diseño de una política fiscal, monetaria y cambiaria sustentable.

Las condiciones originales de la Presidencia de Menem estuvieron signada por el Consenso de Washington en su máxima expresión con las recomendaciones del Fondo Monetario Internacional.

Los diez puntos recomendados por el Consenso de Washington fueron los siguientes: a) disciplina fiscal, b) reorganización de las prioridades del gasto público, c) reforma impositiva, d) liberalización de los tipos de interés, e) tipos de cambio competitivos, f) liberalización del comercio internacional, g) liberalización de la inversión extranjera directa, h) privatización, i) desregulación, j) protección de los derechos de propiedad.

Diego Rubinzal en *Economía política para todos* remarca el inicio de la gestión de Menem con el Plan B.B., que combinó retraso salarial, disminución del gasto público, política monetaria restrictiva, devaluación, incremento de las retenciones a las exportaciones, aumento de tarifas públicas y controles de precios.

El Congreso Nacional aprobó las leyes de Emergencia Económica y Reforma del Estado estableciendo recortes en gastos estatales, reforma a la Carta Orgánica del Banco Central de la República Argentina, suspensión de los beneficios de la promoción industrial, abolición del compre nacional y facilidades para ingreso de capitales extranjeros.

El plan de privatizaciones incluyó a Yacimientos Petrolíferos Fiscales (con la venta de la totalidad del paquete accionario al final de su gestión perdiendo nuestro país la referencia estratégica para la producción hidrocarburífera), la Empresa Nacional de Telecomunicaciones con la incursión de las compañías multinacionales (Telefónica de España y Telecom de Italia), Aerolíneas Argentinas con operaciones fallidas, elevadores de granos de la Junta Nacional de Granos, Correo Argentino, Servicios Eléctricos de Buenos Aires, Gas del Estado, Fábrica de aviones de Córdoba, Caja Nacional de Ahorro y Seguro, Polo Petroquímico de Bahía Blanca.

También se concesionaron ferrocarriles y subterráneos metropolitanos, los principales corredores viales vía peaje, los elevadores terminales de los Puertos de Buenos Aires y Rosario, el Hipódromo Argentino, el Mercado de Liniers, Obras Sanitarias de la Nación, canales de televisión y radios, Yacimientos Carboníferos Fiscales, 33 aeropuertos y la hidrovía Paraná-Paraguay.

El monto total recaudado por el Estado en concepto de venta de activos públicos alcanzó a 20 000 millones de dólares (según Diego Rubinzal) constituyendo de este modo un conglomerado económico con participación de la banca extranjera, grupos económicos locales y capitales trasnacionales.

La privatización de las empresas públicas constituyeron la moneda de canje de activos reales por activos financieros mediante el Plan Brady, la reducción sistemática de la participación del Estado en la economía y el cenit de la convertibilidad originó consecuencias funestas en la exclusión social, en el aumento sistemático del desempleo, en la inequidad distributiva del ingreso, en la apertura indiscriminada de importaciones con la destrucción de la industria nacional cuya participación se redujo al 16% del producto interno bruto después de alcanzar el 22% del producto interno bruto en el primer quinquenio de la década del 70.

De nuevo, la volatilidad de los flujos financieros internacionales, la apertura económica, los tratados bilaterales de inversión, las inversiones extranjeras directas que se apropiaron de sectores estratégicos proveedores de servicios y productores de bienes con una marcada concentración económica y la reducción del mercado doméstico generaron consecuencias directas en una excesiva dependencia del financiamiento externa provocando crisis de deuda.

La privatización del sistema de jubilaciones y pensiones mediante la ley 24 241 implicó un drenaje de fondos hacia administradoras de fondos de jubilaciones y pensiones por 63 000 millones de pesos/dólares en el período 1994-2001 explicando el 75% del déficit acumulado que implicó la explosión de la convertibilidad por efecto de la crisis de la deuda pública.

El endeudamiento externo creció exponencialmente en aproximadamente 85 000 millones de dólares en el período 1989-1999, alcanzando la suma de 146 338 millones de dólares al año 2000 (de acuerdo con Diego Rubinzal) financiando la fuga de capitales y el sostenimiento del régimen de convertibilidad.

La transición de Duhalde

El sistema financiero bimonetario, el déficit fiscal primario y financiero, el déficit comercial y de cuenta corriente, el aumento de la prima de riesgo país originó una crisis de la deuda que implicó default y devaluación. El interregno de Duhalde como Presidente de transición implicó la salida de la convertibilidad con una recuperación incipiente fruto de la mejora sustancial de los términos del intercambio que aportó dólares al sistema económico.

La crisis del año 2001 con una fuerte caída del producto interno bruto que alcanza 20,9% acumulativo en el año 2002 provoca una tasa de desocupación que alcanza a 24%, pobreza del 54% e indigencia del 27% provocando una catástrofe de carácter social.

La emergencia política del país por la renuncia del Vicepresidente de la Nación inicialmente, el Presidente de la República posteriormente, generó una crisis política que lo resuelve la Asamblea Legislativa designando a Puerta, Rodríguez Saá, Camaño y finalmente Eduardo Duhalde.

La salida de la convertibilidad fue una cuestión de extrema complejidad mediante la sanción de la ley 25 561 que contiene varios capítulos entre los cuales se destacan los siguientes: a) otorgamiento de facultades al Poder Ejecutivo para la fijación del tipo de cambio que finalmente fue de 1 a 1,40, b) pesificación de tarifas de servicios públicas y desindexación, c) mantenimiento de la ley de convertibilidad en lo que respecta a la prohibición de indexación.

El devenir de los acontecimientos impulsó un modelo a partir del cual la pesificación fue asimétrica, es decir, 1 peso para los activos y 1,40 para los pasivos del sistema financiero con financiamiento a cargo del Estado en virtud de la imposibilidad fáctica de los deudores del sistema financiero de cancelar sus obligaciones y en virtud de las exigencias de los depositantes que reclamaban recibir dólares cuando habían efectuado depósitos en moneda extranjera.

Se impusieron retenciones al sector agropecuario y el mejoramiento de los precios internacionales permitió reactivar la demanda externa.

Las circunstancias excepcionales de la crisis en materia fiscal (déficit fiscal del 13% del producto interno bruto), en materia financiera (salida masiva de depósitos, crisis del sistema bancario, corralito y corralón financiero, redescuentos por 20 000 millones de pesos por parte del Banco Central de la República Argentina para salvataje de entidades financieras), en materia productiva (quiebre de industrias y del sector agropecuario), en materia social (desempleo superior al 20%, pobreza e indigencia y exclusión social), en materia política (crisis de representatividad) obligó a la Asamblea Legislativa designar un Presidente por medio del voto de diputados y senadores. Esta designación recayó en Eduardo Duhalde a quien acompañé como Jefe de Gabinete de Ministros durante cuatro meses entre enero y mayo de 2002.

Administrar la emergencia en el marco de la ley 25.561, promover reformas en la ley de concursos y quiebras, resolver la situación de deudores hipotecarios afectados por la crisis y generar las condiciones para restituir la vigencia de los contratos y la cadena de pagos fueron las decisiones claves en esa etapa.

Los precios macroeconómicos relativos de la economía argentina mostraban una enorme debilidad, pero al mismo tiempo una fortaleza pues la única vía de salida a la crisis inédita era precisamente a través de la demanda externa promovida por un nuevo tipo de cambio.

Los precios de los bienes en virtud de la inexistencia de demanda no podían aumentar, tampoco el precio de los servicios en virtud de la desdolarización (pesificación de las tarifas) y la desindexación con el consiguiente impacto en la administración de los mismos por parte del estado.

El precio del dinero, es decir, las tasas de interés no formaban parte de una referencia determinada pues nadie podría tomar un préstamo, y todos querían retirar sus depósitos.

El precio de la divisa, es decir, el tipo de cambio fue la variable que permitió rápidamente generar las condiciones de revitalizar las exportaciones con precios más competitivos para el complejo agroindustrial.

La remuneración del trabajo por la alta desocupación presentaba escenarios distintos según se trate de actividades económicas relacionadas con el mercado interno o con las exportaciones. Las paritarias del sector pesquero implicaron una recomposición drástica de alrededor del 30% luego de sufrir ajustes exorbitantes en el período de la convertibilidad monetaria.

El Ministerio de Economía en la primera etapa estuvo a cargo de Jorge Remes Lenicov y a partir de su renuncia, Roberto Lavagna asumió esa responsabilidad que continuó con el gobierno de Néstor Kirchner.

En toda esta etapa los organismos internacionales de crédito negaron apoyos para nuestro país, de manera que las decisiones propias sin ayuda internacional fueron las que permitieron avanzar en la reactivación de la economía.

Lavagna asume con tres cuestiones principales: a) resolver la emisión de un instrumento de deuda que compense el balance de las entidades financieras en virtud de la pesificación asimétrica, b) corregir la actualización de las deudas hipotecarias para viviendas unifamiliares mediante el reemplazo del coeficiente de estabilización de referencia por el coeficiente de variación salarial, c) establecer una estrategia destinada a resolver el financiamiento de las finanzas públicas provinciales y municipales.

La crisis era integral e incluía la cuestión social, productiva, financiera, fiscal y económica.

La declaración del default de la deuda por parte del interinato de Rodríguez Saá abrió el camino para un proceso de reestructuración de deuda que fue satisfactorio para el país en virtud de la quita de la misma lograda por los gobiernos de Néstor y Cristina Kirchner.

La crisis era social pues había 25% de desocupación, 54% de pobreza, 27% de indigencia, desigual distribución del ingreso nacional y exclusión social (60% de los jubilados podían jubilarse).

El trueque reemplazaba a la moneda de curso legal para la sobrevivencia de las familias. El intercambio de un bien por otro bien permitía comer todos los días a muchas familias.

La crisis era productiva porque la convertibilidad había destruido todas las economías regionales pues no tenían rentabilidad. La protesta de los productores agropecuarios que estaban en quiebra con el peligro del remate de sus campos, las pymes destruidas por la pulverización del mercado interno y la industria sistemáticamente atacadas por la política neoliberal de los años noventa fueron letales para el sistema productivo.

La crisis era fiscal pues la Nación alcanzó en el momento de la renuncia de De la Rúa al 13% del producto interno bruto, con catorce «cuasimonedas» dando vueltas en todo el país para resolver la imposibilidad de hacer frente a obligaciones mínimas del Estado.

La Nación, las provincias y los municipios acumularon deuda, y con la recesión económica prolongada recaudaban menos provocando desfinanciamiento en su estructura fiscal. Así como la Nación entró en *default* lo mismo hicieron las provincias argentinas.

La crisis era financiera pues gran parte de los bancos habían quebrado y el Banco Central de la República Argentina acumulaba acreencias por 20 000 millones de pesos por parte de los bancos del sistema financiero. Los bancos tenían corridas de depósitos, el Banco Central de la República Argentina caída de reservas, y la fuga de capitales estaba a la orden del día.

La crisis era económica pues los indicadores macroeconómicos acumulaban desequilibrios irresueltos que ineludiblemente debían corregirse aceleradamente.

Todas las medidas iniciales de emergencia para salir de la convertibilidad chocaban contra la reticencia del Fondo Monetario Internacional y de organismos multilaterales de crédito. La pesificación asimétrica fue una decisión esencial para garantizar el recupero de las cuentas por cobrar por parte de los bancos y la devolución de los depósitos sin confiscación para los depositantes.

Quince meses de transición generaron las condiciones para encauzar el rescate progresivo de las «cuasimonedas» emitidas por las provincias argentinas, la resolución gradual del corralito y el corralón, la situación de los deudores hipotecarios más afectados y la perspectiva cierta de recuperación de la actividad económica por impulso de los precios internacionales, la tecnificación del sector agropecuario y la demanda externa sostenida con un producto que era la estrella del firmamento: la soja con todas sus cualidades, tecnologías y prácticas agrícolas de alta calidad.

El kirchnerismo

Desde el 25 de mayo de 2003 hasta el 10 de diciembre de 2015 existió una continuidad en el diseño y ejecución de las políticas públicas tendientes a corregir el desastre ocasionado por la caída del 20,6% acumulado entre 1998-2002 por la implementación de las reformas inspiradas en el Consenso de Washington.

Esta etapa de la economía argentina se caracterizó por la recuperación sostenida en una primera etapa con superávits gemelos del sector público y del sector externo. Esta combinación de superávit fiscal primario y financiero y de superávit comercial y de cuenta corriente provocó un círculo virtuoso de capitalización de reservas del Banco Central de la República Argentina mediante la apropiación del saldo de balanza comercial sin recurrir a emisión monetaria. El ingreso de divisas engrosaba las reservas del República Argentina, las mismas servían para amortizar servicios de capital e intereses de la deuda pública y paralelamente se impulsaba una tasa de crecimiento acumulado del 8% anual con generación de empleo, recuperación del salario real y baja inflación.

El modelo kirchnerista se inspiró en un rol activo y predominante del Estado con un fuerte estímulo a la demanda agregada a través del consumo (planes asistenciales, inclusión social, recuperación del empleo y del salario real), de la inversión (vía tasas de interés accesible, regulaciones explícitas y estímulos a la oferta), a las exportaciones (vía precio y cantidad demandada externa) con aseguramiento de estabilidad macroeconómica basada en superávit fiscal, acrecentamiento de reservas y liquidez bancaria.

Esta primera fase de crecimiento permitió la coexistencia de aplicación de retenciones diferenciales al sector agropecuario (20 a 35% desde 2003-2007 manteniéndose hasta el año 2015), la industria entre 5 y 10% con una clara disociación entre los precios internacionales y los precios domésticos. Las tarifas públicas seguían congeladas y esto incidió positivamente en el aumento del ingreso disponible de las familias y en la rentabilidad promedio de las pequeñas y medianas empresas estimulando la contratación de personal.

La elasticidad empleo creció fuertemente llegando a la creación de 6,4 millones de puestos de trabajo durante todo el período (2003-2015) pero con mayor aceleración en la fase inicial del ciclo.

El éxito inicial de la gestión de Néstor Kirchner consistió precisamente en reactivar el mercado interno promoviendo una negociación dura de la deuda externa de 100 000 millones de dólares con una quita proyectada en ambos períodos equivalente a 76%, esto implica un ahorro cercano a 80 000 millones de dólares en valor presente.

La reducción de la deuda, la negociación dura con acreedores internacionales, el pago anticipado al Fondo Monetario Internacional para cancelar nuestras obligaciones para aumentar la autonomía e independencia en las decisiones macroeconómicas al mismo tiempo que se recuperaba de una manera inusual la generación de empleo privado informal con la plena vigencia de las convenciones colectivas de trabajo potenciando de esta manera el salario real y el consumo popular. Podríamos decir, que esto constituye un típico modelo de recuperación en fase inicial de ciclo de gobiernos populares en nuestro país cuando el mismo está acompañado de precios internacionales favorables pero con el aditamento que la dureza en la negociación con los acreedores internacionales generó las condiciones para superar la restricción inicial.

Desde el punto de vista contrafáctico la aplicación de un ajuste típicamente neoliberal hubiese provocado contracción económica en virtud de mayor disponibilidad de flujo financiero para el pago de los servicios de capital e intereses de deuda, lo cual disminuye la potenciación de la demanda agregada a través de sus vectores de crecimiento.

Esta primera fase del ciclo fue acompañada por una serie de decisiones estratégicas en materia educativa, sanitaria, previsional, energética, fiscal y financiera para fortalecer la autonomía del país, el ejercicio soberano de sus políticas públicas consolidando al mismo tiempo alianzas internacionales basadas en cooperación internacional.

Las leyes educativas –principalmente la ley de financiamiento educativo 26.075 que eleva la participación al 6% del producto interno bruto en educación, la ley de educación técnica 26 058 de educación técnica, el Fondo Nacional de Incentivo, los 180 días de clase, la ley general de educación 26.260, de salud reproductiva sexual, entre otras– permitió promover la inclusión, la equidad y apuntalar la calidad educativa en el marco de un desarrollo federal de las instituciones educativas.

El sistema de salud pública se fortaleció con el plan remediar, el fortalecimiento del sistema de seguridad social, la universalización de servicios, el mejoramiento de infraestructura sanitaria, el fortalecimiento del Programa de Atención Médica Integral, las inversiones en agua potable y cloacas, la regulación en el precio de medicamentos coadyuvaron a lograr mayor inclusión y equidad.

La ley 25.994 fue el punto de partida para construir desde la jubilación anticipada un programa de universalización de la cobertura previsional que se perfeccionó en el período 2007-2015 con la estatización del sistema de la Administradora de Fondos de Jubilaciones y Pensiones. La combinación de crecimiento económico generó más empleo, más aportes y contribuciones, más recursos tributarios y mayor capacidad de financiamiento para extender los beneficios del sistema transformando necesidades en derechos, el apotegma inspirador de la abanderada de los humildes, la compañera Evita.

La inversión energética de 11 000 millones de dólares arrancó en el período 2003-2007 y se consolidó en el tiempo mediante la construcción de Atucha II, centrales de generación y producción de bioetanol y biodiesel conjuntamente con energía no convencional. Las redes de alta tensión, la interconexión energética nacional de integración federal, la inversión en generación, transporte y distribución para satisfacer el aumento extraordinario de la demanda fue sistemática pero incompleta.

En todo el período se logró superávit fiscal primario y financiero, se canceló las obligaciones anuales de los organismos multilaterales de crédito cumpliendo puntualmente y se canceló la deuda con el Fondo Monetario Internacional por casi 10 000 millones de dólares a los efectos de evitar cualquier tipo de condicionamiento internacional en el proceso de renegociación de la deuda con los acreedores externos.

La liquidez del sistema financiero aumentó sistemáticamente, se recuperaron 20 000 millones de pesos de redescuentos otorgados al sistema financiero luego de la crisis del año 2001-2002 y aumentaron los depósitos bancarios conjuntamente con los préstamos de capital de trabajo y para la adquisición de capital fijo por parte de las empresas, pero al mismo tiempo en el año 2005 se tomaron medidas restringiendo el ingreso de capitales especulativos con plazos mínimos de endeudamiento en divisas y encajes del 30% del monto ingresado.

La drástica reducción del desempleo, y el mejoramiento sustancial de los indicadores sociales generaron gran confianza popular con resultados electorales que permitieron consolidar el liderazgo político.

Néstor Kirchner finaliza su período de gobierno con alta popularidad, reestructuración de la deuda con acreedores externos con una adhesión del 76% y quitas promedio del 67% sobre la base de 100 000 millones de dólares devengados al momento del canje en el año 2005. Los indicadores macroeconómicos son elocuentes: a) superávit fiscal primario y financiero equivalente a 3% y 1% respectivamente,

b) superávit en balanza comercial y cuenta corriente de 13 000 millones de dólares y 7200 millones de dólares, c) aumento de reservas internacionales de 14 000 millones de dólares a 40 000 millones de dólares incluyendo el pago de casi 10 000 millones de dólares al Fondo Monetario Internacional, d) tasa de inflación del 8% anual, e) generación de 4,5 millones de puestos de trabajo.

La fase ulterior es la más compleja pues reducir drásticamente el desempleo, la pobreza, la indigencia, recuperar el salario real, potenciar el consumo popular, promover la inversión pública y lograr al mismo tiempo consolidar aceptación popular con liderazgo político en base a decisiones soberanas se agota si no se advierten las necesidades de generar nuevas condiciones para superar restricciones típicas del modelo, como la restricción externa.

Usualmente, las restricciones del modelo macroeconómico aplicado aparecen por al aumento de la demanda energética, de bienes importados, de viajes al exterior y de ahorro en moneda extranjera. Cómo superar estas restricciones constituye una parte de un debate central que inexorablemente es preciso formular.

En primer lugar, debe advertirse que las restricciones externas con este modelo económico son insalvables por doble vía: a) por limitación de uso de divisas, b) por aumento de la inflación. En ambos casos se afecta y erosiona la credibilidad popular y la confianza del gobierno.

En segundo lugar, debe advertirse también que las correcciones desde el paradigma neoliberal se aplican siempre de la misma manera, esto es, recurriendo a endeudamiento externo que luego degenera en crisis de deuda o mediante reducción de empleo, salario, consumo e ingreso disponible que degenera en crisis social y/o política.

En esta inteligencia es preciso advertir que la continuidad del modelo en la segunda fase debía resolver tres cuestiones principales: a) autoabastecimiento energético, b) sostener el balance positivo del comercio exterior y c) mejorar la logística integrada a procesos productivos de mayor valor agregado.

No cabe la menor duda que una recuperación del empleo, del salario real implica en forma automática aumento de la demanda energética, y si la misma no tiene provisión interna es preciso adquirir del exterior con mayor costo. Pero al mismo tiempo es necesario advertir que la matriz energética argentina tiene alta dependencia de gas que es más elástica para responder con mayor velocidad relativa al incremento de la demanda.

El gobierno de Cristina Fernández de Kirchner requiere adoptó las siguientes decisiones: a) recuperar la nave insignia del autoabastecimiento energético a través de la potenciación en el desarrollo de YPF como factor decisivo sea a través de la integración de la cadena de valor hidrocarburífera en la exploración y explotación de gas y petróleo convencional y no convencional, b) diversificar la matriz energética mediante la producción de energía convencional y no convencional (energía eólica, solar, biocombustibles) ponderando una mayor participación de energía hidroeléctrica y nuclear, c) articular el sistema interconectado de generación, transmisión, comercialización y distribución con regulación adecuada de alta, media y baja tensión promoviendo una tarifa ponderada al ingreso disponible y con fuerte subsidio en producción industrial tanto más alta cuando mayor sea la capacidad de generación de valor agregado de empleo y exportaciones.

Todas estas decisiones requieren ensamble de tiempo y distancia con precisión quirúrgica pues la velocidad en el crecimiento de la demanda producto del subsidio al consumo popular e industrial no alcanzó a empardar con la velocidad de la oferta, máxime teniendo en cuentas las restricciones emergentes de la década del 90 en lo que respecta a la privatización de Yacimientos Petrolíferos Fiscales y el otorgamiento de las áreas concesionadas en el marco de la reforma constitucional de 1994 y la sanción de la ley corta de hidrocarburos que restringió los grados de libertad por parte del Estado nacional en la planificación y ejecución de la política energética.

No cabe la menor duda respecto a las dificultades para planificar el desarrollo productivo del país sin la debida asignación de recursos para satisfacer plenamente el aumento de la demanda de energía con una oferta compatible con la misma. El problema consiste en articular las respuestas por las asimetrías entre la oferta y demanda de corto, mediano y largo plazo en base a una ponderación de crecimiento de la actividad económica.

La segunda fase del modelo económico liderado por Cristina Fernández de Kirchner a partir del año 2007 se encontró con un escenario internacional adverso producto de la crisis de las hipotecas bancarias que produjo un colapso en el sistema financiero internacional y un derrumbe de la actividad económica. Ya no era posible obtener indefinidamente un superávit comercial y de cuenta corriente para capitalizar con mayores reservas destinados a neutralizar el efecto inflacionario.

Con los efectos de la crisis financiera del año 2009, la decisión fue profundizar el modelo mediante la defensa del consumo interno. Múltiples fueron las iniciativas entre las cuales se destacan la creación del Ministerio de Producción, un plan de beneficios para repatriación de capitales, promoción del trabajo registrado en pequeñas y medianas empresas, concesión de créditos para el fomento de la producción que finalmente superó los 50 000 millones de pesos con el programa de financiamiento productivo del bicentenario con tasa subsidiada del 9,9% a un plazo de cinco años, utilización de licencias no automáticas par demorar ingreso de importaciones hasta sesenta días en el marco de una administración inteligente del comercio exterior, como así también el programa de recuperación productiva que brindaba una ayuda económica no remunerativa a trabajadores privados en crisis.

Del mismo modo que se elaboró con una metodología abierta, plural, democrática y participativa el plan estratégico agroalimentario y agroindustrial, también se hizo un plan estratégico industrial 2020 cuyos objetivos establecían un crecimiento del producto interno bruto al 5% anual y el producto interno bruto industrial al 7% con metas de exportaciones al año 2020 de 167 000 millones de dólares, importaciones por 139 000 millones de dólares, tasa de desempleo al 5% anual, 28% de inversión en términos de producto interno bruto con 1,5 millones de puestos de trabajo.

Dos definiciones eran esenciales en ese momento: a) la política industrial es inmanente al equilibrio macroeconómico, b) sin política industrial activa es imposible lograr superávit comercial y de cuenta corriente sustentable.

Por lo tanto, se crea el Ministerio de Industria, se promueve una fuerte administración del comercio exterior para proteger las reservas internacionales y a los efectos de evitar la dependencia cíclica de términos de intercambio favorable que beneficia la expansión del sector agroexportador era preciso promover en forma simultánea la industrialización acelerada sustitutiva de importaciones y la diversificación y aumento de exportaciones, máxime teniendo en cuenta la crisis por el conflicto con la resolución 125.

El decreto N° 915/2010 crea el Programa Nacional para el Desarrollo de Parques Industriales Públicos, el Registro Nacional de Parques Industriales, la asignación de recursos financieros para la ejecución de obras de infraestructura y la instrumentación de un régimen de bonificación de tasas permitieron lograr la expansión de las exportaciones de Manufacturas de Origen Agropecuario y Manufacturas de Origen Industrial, sostener la participación del producto bruto industrial en torno al 17% del producto interno bruto, lo cual contrasta con la reprimarización de las exportaciones del resto de los países de América del Sur y lograr un aumento de 80 a 314 parques industriales con un aumento del 300% en el empleo.

Los resultados del período en materia industrial fueron contundentes: a) las Manufacturas de Origen Industrial alcanzaron el 34% de las exportaciones totales, b) en el período 2003-2004 el sector industrial creció 16% y 11% por encima del promedio del producto interno bruto, c) la inversión bruta interna fija como porcentaje alcanzó un punto máximo con 24,5% en 2011, d) duplicación del empleo privado formal registrado.

Pero también debe mencionarse el estímulo el aporte de las políticas públicas a las industrias denominadas del «futuro» como nanotecnología, software, biotecnología moderna, electrónica con localización geográfica en Tierra del Fuego, entre otras.

Las decisiones estratégicas de esta etapa fueron las siguientes: a) estatización de YPF para el autoabastecimiento energético, b) Lanzamiento y ejecución del plan Procrear para la construcción de 100.000 viviendas en cuatro años, c) la recuperación de la administración de los fondos de pensión en manos del Estado argentino, d) la modificación de la Carta Orgánica del Banco Central de la República Argentina para impulsar el desarrollo económico, e) afectar las reservas del Banco Central de la República Argentina para cancelar servicios de capital e intereses de la deuda pública y profundizar el sendero del desendeudamiento que disminuyó del 166% del producto interno bruto a 42% en términos de deuda bruta, f) implementar la Asignación Universal por Hijo y Asignación Universal por Embarazo para garantizar inclusión social, promover la movilidad jubilatoria para recuperar progresivamente la participación del haber jubilatorio mínimo cerca del 82% del salario promedio de la economía, g) ampliar la cobertura previsional al 100% de los jubilados, incluir el Plan Progresar a jóvenes sin empleo ni estudios y promover el otorgamiento del plan conectar igualdad para distribuir más de cinco millones de *netbooks* en la República Argentina.

Avanzar en la estrategia de industrialización sustitutiva de importaciones implica establecer criterios selectivos en las respectivas cadena de valor con reglas diferenciales favorables, esto es, créditos baratos, aranceles de importación altos inicialmente y decrecientes en los años sucesivos, administración del comercio exterior y regulación de los niveles de concentración económica para lograr en forma simultánea ahorrar divisas, aumentar la agregación de valor local y profundizar estrategias de crecimiento autónomo.

Avanzar en un programa de aumento y diversificación de exportaciones implica lograr acuerdos bilaterales claros y específicos (para la República Argentina son 24 países con complementariedad) con el objeto de fijar metas de exportaciones con precios y cantidades específicas con amplias facilidades de créditos de prefinanciación hasta subsidio de empleo en corto plazo y estímulos fiscales abiertos y ponderados con reintegros automáticos.

Avanzar en la competitividad de la economía, implica lograr un tipo de cambio que estimule las transacciones de bienes exportables porque el mercado doméstico es limitado para distribuir eficientemente la estructura de costos fijos con el enfoque tradicional del modelo neoliberal apelando a los salarios bajos.

Para ello, es preciso ejecutar una inversión pública eficiente que permita reducir los costos de competitividad para aumentar el tipo de cambio real y efectivo por cadenas de valor y preferencia de mercado. La ejecución de obras de energía, de puentes, de carreteras, de puertos, de comunicaciones constituye asignaturas pendientes para lograr sistemas eficientes de producción, distribución y comercialización.

El análisis integral del período 2007-2015 del gobierno de la Presidenta Cristina Fernández de Kirchner indica una primera fase expansiva de incremento de precios de bienes exportables con términos de intercambio favorables pero luego en forma inmediata tuvo un impacto en la crisis financiera internacional con efectos contundentes en el desenvolvimiento de la economía mundial de la cual Argentina no fue excluida.

La concepción del rumbo estratégico desde su asunción en el cargo permitió fijar metas específicas en cuento al desarrollo de la ciencia, la tecnología y la innovación productiva. La creación del ministerio específico, el aumento de la participación relativa del presupuesto en términos cercanos al 1% del producto interno bruto, la repatriación de más de 1000 científicos, la construcción y lanzamiento de dos satélites en cooperación con Empresa Argentina de Soluciones Satelitales Sociedad Anónima, los acuerdos con la NASA para la detección de salinidad de los mares con tecnología satelital, el desarrollo de tecnología nuclear con fines pacíficos (Reactor CAREM I y fabricación de agua pesada) y los avances en biotecnología moderna y farmacología fueron hitos de la gestión.

La mirada política era completar un programa de reformas estructurales en la perspectiva de un desarrollo autónomo y soberano con alianzas sustantivas en América del Sur pero abriendo múltiples opciones en el campo internacional como el que finalmente se concretó con la República Popular China en el acuerdo estratégico bilateral.

La recuperación del período 2010-2011 fue positiva pero los ataques especulativos se agravaron con fuga de capitales que impidieron la continuidad de un círculo virtuoso de superávits gemelos y baja inflación.

Como mencionamos precedentemente, la estatización de los fondos previsionales, la estatización de Yacimientos Petrolíferos Fiscales , de aerolíneas argentinas, las nuevas inversiones en ferrocarriles para mejorar los servicios fueron factores positivos de la gestión pero no cabe la menor duda que fueron cinco los problemas que se generaron en esta etapa: a) déficit energético con 9000 millones de dólares de compras externas, b) déficit de balanza comercial por importación de electrodomésticos por 9000 millones de dólares, c) déficit de balanza comercial por importación de auto y moto-partes por 9000 millones de dólares, d) aumento de viajes al exterior por 6000 millones de dólares, y e) aumento de demanda de ahorro en moneda extranjera.

La sumatoria implica un costo en divisas equivalente a 40 000 millones de dólares en el año 2013 que agravó la restricción externa y transformó el bienestar económico de la clase media en malestar político en virtud de restricciones de acceso (cepo cambiario, importación de bienes suntuarios, viajes al exterior).

El sendero de la política económica era precisamente corregir la restricción externa normalizando las relaciones financieras internacionales con el Club de París (acuerdo logrado), la regularización del costo de expropiación de los Yacimientos Petrolíferos Fiscales (acuerdo logrado), y por último generando las condiciones de negociación con el 7,6% de los acreedores no adheridos al canje.

El cumplimiento de todas las pautas chocó finalmente con el fallo de la Corte Suprema de Justicia de Estados Unidos que finalmente agudizó el enfrentamiento con los denominados «fondos buitres».

La imposibilidad fáctica de establecer una negociación diferenciada respecto al resto de los acreedores por las implicancias ulteriores derivadas de la aplicación de la Cláusula RUFO impidieron concluir el proceso de normalización del acceso al mercado de capitales por parte de la República Argentina. Y esto, impidió finalmente superar la restricción externa que obstaculizó garantizar la continuidad del proyecto político por los embates permanentes de los grupos económicos adversos al gobierno.

La caracterización del ciclo macroeconómico del período 2003-2015 fue precisamente un nivel de precios superior a salarios, salarios superiores a tasas de interés y tasas de interés superior al tipo de cambio con un consiguiente impacto de apreciación y dificultades para complejos productivos específicos.

Cuadro 6

Año	Variación Promedio			
	Salario	Precios	Badlar	TCN
2003	15,08%	3,70%	9,00%	-11,90%
2004	11,00%	6,10%	3,10%	0,30%
2005	26,00%	12,30%	5,10%	1,40%
2006	19,40%	9,80%	9,00%	1,50%
2007	20,00%	21,30%	10,10%	2,60%
2008	23,40%	20,60%	13,60%	9,10%
2009	17,30%	14,50%	12,40%	11,10%
2010	29,30%	23,20%	10,10%	4,50%
2011	35,80%	23,80%	13,40%	7,80%
2012	24,80%	22,70%	13,80%	13,80%
2013	25,20%	27,50%	17,00%	29,90%
2014	31,50%	33,70%	22,60%	34,90%
sep-15	27,30%	14,40%	20,70%	9,50%

Me tocó ser protagonista de esta etapa cuando la entonces Presidenta de la Nación Dra. Cristina Fernández de Kirchner me convocó para asumir como Jefe de Gabinete de Ministros en una circunstancia especial del país pues veníamos de una baja performance electoral en el mes de octubre del año 2013 en oportunidad de las elecciones legislativas en un contexto de recuperación incipiente en el estado de salud de la Jefa de Estado pues se debió someter a una compleja intervención quirúrgica.

Asumí como Jefe de Gabinete de Ministros tomando licencia como Gobernador de la Provincia del Chaco en forma conjunta con el Ministro de Economía Axel Kiciloff y con Juan Carlos Fábrega como Presidente del Banco Central de la República Argentina.

El contexto internacional marcaba una clara tendencia del inicio de una guerra de monedas, que se traducía en una guerra comercial con la anuencia de la Organización Mundial de Comercio y con el deterioro sistemático de los términos del intercambio que agravaba singularmente la restricción de divisas con el consiguiente impacto de las restricciones del sector externo.

El lanzamiento de estrategias de inclusión social como el Plan Progresar, el estímulo al consumo privado mediante el programa Ahora 12 y la decisión estratégica de potenciar aún más la administración del comercio exterior con el uso de nuevas herramientas dinamizaron la gestión económica. También iniciativas como la ley 26 940 que extendía el régimen de corresponsabilidad gremial para reducir el empleo no registrado, los estímulos a las pymes para el acceso a la regularización laboral a menos de cinco empleados fueron utilizados como herramientas para potenciar la recuperación económica

La devaluación del 33% en enero de 2014, la liberación de la compra de dólares para tenencia mediante una regulación de Administración Fiscal de Ingresos Públicos y el objetivo de cuidar las reservas mediante un criterio selectivo de administración conjuntamente con la introducción de mecanismos de regulación de las tasas de interés para el consumo y el sostenido proceso de expansión de las condiciones de acceso al financiamiento de tasas reguladas para la inversión potenciaron la salida de una inminente reducción de la actividad económica.

El sendero de nuestro programa fue generar ciertas condiciones objetivas para lograr acceso al financiamiento internacional: 1) acuerdo con Repsol, 2) acuerdo con el Club de París, 3) acuerdo de financiamiento con la República Popular China mediante una operación de *swaps* para incrementar las reservas del Banco Central de la República Argentina (finalmente de 11 000 millones de dólares) y 4) acuerdo con los «*holdouts*» después de la expiración de la Cláusula RUFO el 31 de diciembre de 2014.

Este sendero fue cumplido integralmente, a excepción del impedimento objetivo del fallo de la Corte Suprema de Justicia de los Estados Unidos que el 12 de junio del mismo año otorgó la razón a los tribunales inferiores de Nueva York dando un arma letal para los «fondos buitres» a pesar del amplio apoyo y consenso obtenido por parte de 136 países de la comunidad internacional en el proceso de reestructuración de deuda soberana.

Los indicadores macroeconómicos permitieron advertir respecto a un crecimiento del 2,6% en el año 2015, la tasa de desempleo finalizó en 5,9% (la más baja del período) y la reducción de la pobreza e indigencia fue contundente desde el inicio de la gestión hasta la finalización del mandato con una reducción desde 2003 del 54% al 17%, y desde 2007 34% al 17%. Del mismo modo la indigencia se redujo del 27% al 5% entre extremos, y del 17% al 5% a partir del 2007. El coeficiente de GINI disminuyó sustancialmente de 0,545 a 0,368 entre extremos.

Todos los indicadores sociales y laborales mostraron desempeños favorables con logros significativos. El Banco Internacional de Reconstrucción y Fomento reconoció en el período la duplicación de la clase media con 9,5 millones de nuevos miembros (conste que esta institución canceló prestamos por más de dos años a la República Argentina por la falta de acuerdo con Repsol y Club de París). La Comisión Económica para América Latina y el Caribe reconoció los resultados favorables de estos indicadores. El Programa de las Naciones Unidas para el Desarrollo colocó a la República Argentina entre los 39 de más alto desarrollo humano. Del mismo modo la Organización de las Naciones Unidas para la Alimentación y la Agricultura mencionó a nuestro país como el de mayor seguridad alimentaria en la región y en el mundo.

CONCLUSIONES FINALES

La economía argentina en 206 años de historia, y principalmente en estos últimos 75 años que aquí se describen ha transitado un sendero inequívoco de tensiones irresueltas entre estabilidad macroeconómica y crecimiento, con períodos marcados por recurrentes procesos de *stop and go* que limitaron la trayectoria de una perspectiva sostenida de organización económica y matriz productiva sustentable.

Lo cierto es que la historia económica demuestra recurrentes crisis derivadas de estrangulamiento del sector externo que se observan de manera sistemática por parte de gobiernos populares o de signo neoliberales/conservadores.

Los gobiernos populares presentan problemas de insuficiencia de divisas en el sector externo y los gobiernos neoliberales provocan y promueven crisis de deuda y destrucción de los procesos de transformación de la matriz productiva.

Objetivamente, la crisis del sector externo por parte de gobiernos populares se debe al cambio en los precios de bienes exportables (deterioro de los términos del intercambio) que en general no fueron duraderos para garantizar una tasa de inversión en el marco de un modelo de acumulación de capital sólido que permita el cambio estructural de la matriz productiva de base industrial, aunque se verifica un fuerte aumento de la formación bruta de capital fijo y de la inversión bruta interna por la magnitud del esfuerzo realizado en consolidar un modelo alternativo de base industrial.

El crecimiento de la oferta de divisas no se produjo a la velocidad requerida por el proceso de transformación económica en virtud de la insuficiencia de incorporación y sustentabilidad de nuevos mercados de exportación para optimizar el uso creciente de las divisas en procesos de mayor integración y diversificación productiva y tampoco se pudo lograr un ahorro de divisas más acelerado en virtud de estrategias de sustitución de importaciones de carácter selectivo que permitan agilizar procesos más complejos en cadenas de valor.

Tres fueron los factores claves: a) crisis energética por problema de abastecimiento sostenible, b) velocidad insuficiente de aceleración de los procesos de sustitución de importaciones y aumento y diversificación de exportaciones de manufacturas de origen agropecuario e industrial en virtud de la adopción de reglas generales y no particulares de negociación y c) logística integrada insuficiente y poco eficiente para integrar reducción de costos sistémicos a procesos industriales de mayor complejidad y valor agregado como factor de potenciación de empleo.

Paralelamente, es preciso advertir que la República Argentina posee 2,8 millones de kilómetros cuadrados (octavo país en superficie del mundo), 42 millones de habitantes (33° en el mundo), y 15 000 dólares por habitante (22° en el mundo, según criterio metodológico y fuente), lo cual presenta las restricciones de ser un país extenso, de baja densidad relativa, con asimetrías en la distribución espacial del ingreso y por ende en la infraestructura social básica existente. Esto implica advertir respecto a las limitaciones del mercado interno como plataforma de distribución eficiente de costos fijos y de la distancia a los principales mercados del mundo como un factor limitativo en materia de ventajas competitivas. Exportar más no es una cuestión fácil y sencilla en un contexto de fuerte concentración del comercio exterior en manos de empresas multinacionales (68%) que están asociados a un modelo logístico de tipo extractivista (flota marítima y de transporte integrada con transferencias de divisas al exterior).

La permanente tensión entre estabilidad macroeconómica y crecimiento es una característica de nuestra economía, lo cual posee costos intangibles por la no sustentación de las políticas públicas que requieren continuidad y estímulos en el largo plazo (ejemplo manufacturas de origen industrial con destinos de exportación). El rol del Estado en infraestructura, administración del comercio exterior, financiamiento, desarrollo del mercado interno y la sustentabilidad de las políticas industriales de largo plazo son inmanentes al éxito del modelo a seguir.

Objetivamente, se advierte que los ciclos constructores de identidad productiva de base nacional y popular fueron cortos mientras que los destructores de base neoliberal fueron más largos y efectivos.

El desarrollo industrial tiene un costo intangible de adaptación a escenarios de políticas públicas que son percibidos por los actores del sistema como «ciclos cortos», sin una tendencia definida ante un eventual cambio de ciclo –en este caso, neoliberal–.

El éxito de las políticas industriales en otros países del mundo (por ejemplo Corea del Sur) están basados en un período largo de tiempo (no inferior a 30 años) para consolidar la integración de la industria liviana con la industria pesada, la integración de la innovación tecnológica y productiva con el desarrollo de bienes industriales sofisticados en base a la demanda internacional y la integración de los precios domésticos con los precios internacionales.

Nuestro país ha sufrido tensiones entre campo e industria, entre mercado interno y externo y entre capital e interior en virtud de la localización geográfica de las inversiones, la estrategia de agregación de valor y la integración de los procesos productivos.

Construir es más difícil que destruir. Destruir es más fácil y más efectivo y en el diseño de una política industrial la historia económica de la humanidad prueba que la misma debe ser una política de Estado sustentable y de largo plazo con un rol insustituible del sector público en donde la asociación entre consumo privado, mercado doméstico e inversión privada es fundamental.

Es bueno remarcar como lo afirma Santiago Mancinelli (magister de la Universidad Nacional de Rosario) en un reciente artículo en el diario *Pá-*

gina/ 12 que «el promedio del gasto público entre 1961-2016 fue del 24,95% del producto interno bruto». «El proyecto político 2003-2015 tuvo un promedio de gasto público/producto interno bruto corriente equivalente al 21,94% inferior al período de convertibilidad 1991-2001 con 26,08». «El año 2015 finalizó en 26,46% y el año 2001 finalizó con 30,65% pero con una diferencia cualitativa no menor. En la etapa kirchnerista el gasto público estuvo vinculado a la construcción de un Estado con capacidades productivas, administrativas, sociales y políticas que habían sido destruidas por las políticas neoliberales.»

Por último, como decía Perón «la conducción se mide por resultados», lo cual permite visualizar en el siguiente cuadro la evolución en las cuatro etapas de las variables consumo privado, gasto o consumo público, inversión Banco de Intercambio de Finanzas, reservas internacionales, producto interno bruto, producto interno bruto industrial, producto interno bruto agropecuario, salario industrial real, empleo u ocupados, deuda pública externa y el coeficiente de Gini.

Cuadro 7

Variable	Período 1946-1955	Período 1973-1975	Período 1989-1999	Período 2002-2015
Consumo Privado	38,2%	5,7%	56,3%	105,5%
Consumo Público	25,3%	5,7%	21,4%	114,7%
IBIF	57,8%	4,2%	94,7%	299,3%
Reservas Internacionales	-86,0%	-56,3%	460,0%	127,9%
PIB	35,6%	4,8%	48,1%	104,0%
PIB Industrial	40,5%	3,2%	31,0%	100,4%
PIB Agropecuario	16,3%	0,0%	43,6%	49,1%
Salario Industrial Real	38,9%	6,3%	-4,1%	293,3%
Ocupados	18,7%	6,5%	11,8%	26,1%
Deuda Pública	-20,7%	69,9%	91,6%	56,9%
Gini	-	35,70	49,79	41,20

Fuente: Elaboración propia en base a INDEC, Ferreres (2010), CEPED (2008), Banco Mundial y Universidad Católica Argentina (2016).

«La verdad es la única realidad».

BIBLIOGRAFÍA

Bresser-Pereira, L. C. (2017). "*La nueva teoría desarrollista: una síntesis*" *en* Economía UNAM, 14(40). México: UNAM, pp. 48-66.

Cafiero, A. F. (1961). *Cinco años después. De la Economía Social Justicialista al Régimen Liberal Capitalista*. Buenos Aires: EUDEBA.

Cafiero, A. F. (1995). *El peronismo que viene*. Buenos Aires: Grupo Editor Latinoamericano.

Cafiero, A. F. (2011). *Militancia sin tiempo. Mi vida en el justicialismo*. Buenos Aires: Editorial Planeta.

Diamond, J. (2006). *Colapso. Porqué unas sociedades perduran y otras desaparecen.*

Diaz-Alejandro, C. F. (1970). *Ensayos sobre la historia económica argentina*. Buenos Aires: Amorrortu.

Ferreres, O. J. (2010). *Dos siglos de economía argentina: edición bicentenario*. Buenos Aires: El Ateneo.

Galasso, N. (2005). *Perón: Formación, ascenso y caída (1893-1955).Tomo I*. Buenos Aires: Ediciones Colihue.

Greco, O. (2007). *Diccionario de política*. Buenos Aires: Valletta Ediciones.

Hecker, E. (2003). *Hacia el desarrollo económico: ventajas competitivas, actores y política en la Ciudad de Buenos Aires*. Catálogos.

Hecker, E. y Kulfas, M. (2006). *Una estrategia para el desarrollo económico*. En Trotta, Nicolás (compilador): *Argentina 2020. Propuestas para profundizar la transformación*. Buenos Aires: Lumiere.

Hnatkovska, V., y Loayza, N. (2005). *Volatility and Growth*. En Aizenmann, J. y Pinto, B., *Managing Economic Volatility and Crises*. Reino Unido: Cambridge University Press.

Leyba, C. (2003). *Economía y política en el tercer gobierno de Perón*. Buenos Aires: Biblos.

Mouffe, Ch. (2014). *Agonística: Pensar el mundo políticamente*. Buenos Aires: Fondo de Cultura Económica.

Ramey, G. y Ramey, V. A. (1995). *Cross-Country Evidence on the Link Between Volatility and Growth*. The American Economic Review, Vol. 85, No. 5 (Dec., 1995), pp. 1138-1151.

Rapoport, M. (2010). «Una revisión histórica de la inflación argentina y sus causas» en *Aportes de Economía Política en el Bicentenario de la Revolución de Mayo*. Buenos Aires: Prometeo.

Rubinzal, D. (2016). *Economía política para todos. Una mirada desde la periferia*. Buenos Aires: EUDEBA.

ÍNDICE

Esta edición
de 2000 ejemplares
se terminó de imprimir en
Al Sur Producciones Gráficas S.R.L.,
Wenceslao Villafañe 468,
Buenos Aires, Argentina,
en junio de 2017.